KB220899

내 인생을 바꾼, 감사 프로젝트

감사하다가 성공해 버렸다

정병태 지음

방송에서도 인정한 감사의 위력

"SBS 8시 뉴스의 감사방송"

감사의 습관이 기적을 만든다

한덤북스

감사하다가
성공해버렸다

정병태 지음

한덤북스

당신의 일상을 바꿀 수 있는 가장 빠르고 쉬우며 강력한 방법

내가 사는 오늘 하루도 모든 것이 감사입니다.

만나는 사람들에게 '감사를 넘치게 즐기세요!'라고 말하면 '감사할 거리가 없는데 어떻게 감사해요?'라고 반문하는 분도 있죠. 그러나 감사는 인격으로 자리 잡을 때까지 의지를 가지고 해야 해요.

우리가 잘 아는 괴테는 "이 세상에서 가장 쓸모없는 인간은 감사할 줄 모르는 인간"이라고 했고 과거와 현재를 통틀어 세계 제일의 부자인 록펠러도 축복 비결을 바로 "감사를 모르는 사람은 부자가 될 수 없다"라고 말했습니다.

사람들은 내게 여유 있고 좋아 보인다고 말하곤 합니다. 그것은 감사의 덕분이었습니다. 사실 감사 나눔을 실천하는 동안 감사할 일들이 너무 많았죠. 나의 삶을 변화시킨 기적 역시 감사의 실천이었습니다.

혹 이 책의 내용들이 빤한 얘기처럼 들릴 수도 있습니다. 하지만 이 빤한 얘기가 세상 구석구석에서 놀라운 행복과 기적을 만들어내고 있답니다.

그러므로 가정은 감사표현을, 조직은 감사경영을, 사회는 감사소통을, 그리고 몸과 마음은 감사실천을 행해야 합니다. 한 가지 분명한 사실은 감사하는 사람에게 행복이 온다는 사실입니다.

내가 이 책을 내야만 했던 이유는 '감사'라는 흔한 말로 멋진 삶을 만들어낼 수 있다는 것을 꼭 알려야만 했기 때문입니다. 부디 이 책을 통해 감사의 마법처럼 그동안 힘들게 했던 여러 문제들과 화해하고 소중한 사람들과의 관계가 새롭게 정리되며, 힘찬 자신감과 건강까지 회복되는 기적을 맛보기 바랍니다. 감사함으로 인해 당신의 삶에 성공이라는 손님이 기다렸다는 듯이 찾아오게 될 것입니다. 나아가 내 소중한 자리와 가정, 사회, 국가는 더욱 성장하고 단단해지어 더 큰 효과를 누리게 될 것입니다.

나의 소중한 동기 이세진 사모님에게 진심으로 감사를 드립니다.

이 책이 나오기까지 여러 번의 교정을 손봐주었기에 행복한 책으로 나올 수 있었습니다. 그림까지 직접 그려 넣어 주셨습니다. 심쿵으로 감사해요.

끝으로 이 책을 선택해준 당신을 만나 많이 행복합니다.

부디 진지하게 이 책을 읽는다면 감사한 일들과 여러 호황을 누리게 될 것입니다. 그리고 몸에서는 기적의 호르몬이 분비되어 보다 젊게 인생을 즐겁게 살게 될 것입니다. 감사합니다.

복의 통로 **정병태** 박사(Ph.D)

목 차

THANK YOU

1

내 인생을 바꾼 감사 프로젝트

당신의 일상을 바꿀 수 있는
가장 빠르고 쉬운 강력한 방법

감사하다가 성공해버렸다

감사의 분량이 곧 행복의 분량이다.

_인도의 시인 타고르

평생 고운 감사의 약(藥)

여기 내가 좋아하는 김춘수 시인의 '꽃'의 한 부분을 소개한다.

내가 그의 이름을 불러 주기 전에는

그는 다만

하나의 몸짓에 지나지 않았다.

내가 그의 이름을 불러 주었을 때

그는 나에게로 와서

꽃이 되었다.

일찍이 한 가지 확고한 사실(한마디 말은 꽃이 피게 할 수도 있다)을 발견했기에 감사의 책을 썼다. 그리고 다시 또 쓰고 있고. 마치 좋아하는 사람의 이름을 부르듯 감사하는 사람에게 행복이 찾아오고 감사일기를 적으면 기적 같은 일들이 일어난다고. 실로 우울감이 감소하고 성과가 향상되는 결과를 가져왔기 때문이다.

내가 많은 시간을 갖고 연구해보니, 고운 감사만큼 좋은 약(藥)은 없다. 그래서 다시 감사거리를 찾아 쓰기로 했다. 아무리 바쁘거나 피곤해도 딱 한 가지라도 감사일기를 쓰려고 한다. 단언컨대 감사를 실천하면 감사의 위력과 건강과 행복한 삶을 누리게 될 것이다. 자꾸 또 또 감사하면 감사할 일이 생긴다. 우리의 삶을 풍요롭게 만들어준다. 그러니 일상에서 잠시 짬 내어 감사를 실천하고 평생 고운 감사의 약을 복용해야 한다.

하늘의 선물은 모두 신성하다.

신이 내려주었기 때문이다. 특별히 신이 내려준 고운 감사의 약(藥)은 치유의 기회를 주셨다. 참으로 놀라운 발견이다. 인간의 뇌는 스스로 치유하는 힘이 있어 신경전달물질을 분비하여 우리의 건강과 행복을 지배한다. 따라서 우리의 생활습관을 바꾸면 몸에서 호르몬이 분비되어 거뜬히 120세까지 젊고 건강한 삶을 살 수 있다. 그러므로 매일 감사와 기쁨을 느끼며 살라. 그러면 힐링의 3대 물질인 행복의 세로토닌과 사랑의 옥시토신 그리고 숙면의 멜라토닌 등이 분비된다. 물론 기분을 고양시키고 의욕적으로 만들어주는 도파민과 엔도르핀 호르몬도 분비된다. 그래서 평생 감사다. 자꾸 또또 감사해야 한다.

122세까지 줄곧 담배를 피운 프랑스의 잔느 칼망(-1997) 이야기이다. 그녀는 세계에서 가장 오래 산 프랑스 여성인 데, 그녀의 장수비결은 한마디로 자신의 삶을 사랑하고 하루하루를 감사하며 소중하게 여겼다. 살아서 소중한 친구들과 함께할 수 있다는 것 자체가 최고의 기쁨이었다고 한다.

이처럼 건강한 삶이란 하루하루 고운 감사의 약(藥)을 복용하고 관대한 마음으로 하루하루 즐겁게 사는 것이다.

우리는 감사했기 때문에 더 행복해진다.

내 인생을 바꾼 감사 프로젝트

어떤 말을 듣느냐에 따라 인생이 달라진다. 실로 힘들어하는 사람에게 진심으로 다가가 따뜻하고 힘이 되는 한마디가 인생을 바꾼다. 다음의 잘 알려진 고사성어는 나의 언어습관을 바꾸어주었다.

중국의 역사서인 『후한서(後漢書)』에 '유능제강(柔能制剛)'은 한마디로 '부드러움이 강함을 이길 수 있다'는 의미이다. 또 허를 찌르는 날카로운 문장 '촌철살인(寸鐵殺人)'은 '한 치의 혀로도 사람을 죽일 수 있다'는 의미이다.

나는 '감사합니다' 한마디가 기적을 만든다는 것을 잘 알고 있기에 평소 입버릇처럼 달고 다닌다. 평생 감사할 것이다. 그리고 더 감사하며 살기로 프로젝트에 착수했다.

'여러분도 함께해요, 내 인생을 바꿀 감사 프로젝트를 실천해 봐요!' 분명 꾸준히 실천해준다면 장족의 발전을 이룰 것이다. 미리 기립 박수를 쳐드린다. 그런데 감사로 기적을 이루려면 끊임없는 연습과 함께 실천을 해야만 한다. 그래서 이 시간 감사하옵기는 이 글을 읽고 따라준 당신의 삶은 더 감사한 것으로 가득 풍요로워질 것이기 때문이다.

내 인생을 바꾼 감사 프로젝트다.

실제로 감사했더니 달라진 것이 너무 많았다. 결과적으로 성공해버렸다. 한번 더 감사했더니 인생이 달라졌다. 진짜로 감사하고 또 감사했더니 피부가 좋아졌고 몸은 더 건강해졌다.

존 템플턴(John Templeton) 연구 재단은 감사와 관련된 조사 결과를 발표했다. '사람들은 감사해야 한다는 점을 알고 있지만, 현실에서는 그리 잘 실천하지 못한다. 결국 감사하는 사람들이 행복과 성공을 이끌어 갈 것이다.' 그리고 노던일리노이대학교 브라이언 앳킨슨 박사는 '감사하는 연습이 두뇌 신경경로가 강화된다'라고 말했다. 미국의 TV 토크쇼의 여왕 오프라 윈프리가 쓴 <내가 확실히 아는 것들> 책에 보면 "감사하는 것이야말로 당신의 일상을 바꿀 수 있는 가장 빠르고 쉬운 강력한 방법"이라고 강조하였다. 분명 감사 프로젝트는 우리 삶을 확 달라지게 만든다.

사람마다 감사와 기쁨의 태도를 실천하는 이유가 여러 있겠지만 무엇보다 신이 내려준 명약(名藥)이기 때문이다. 원래 나이보다 훨씬 젊게 사는 비밀이기도 하다. 그리고 우리를 행복하게 만들어 버린다. 스트레스는 덜 받고 대신에 더 건강하고 젊어지도록 돕는다. 감사는.

한번 더 감사실천

성공을 부르는 이름이 무엇인지 아는가?

나는 '감사함'이라고 생각한다.

프랑스 소설가 마르셀 프루스트는 "진정한 발견은 새로운 풍경을 찾는 것이 아니라 새로운 시각으로 보는 것이다"라고 말했다.

일찍이 나는 <칭찬학> <행복학> 그리고 <긍정학>을 연구하여 감사 프로젝트 운동을 펼쳤다.

나는 몸소 감사의 위력을 경험했고 감사하는 마음이 성공을 불러온다는 것을 경험했다. 그래서 '감사하기는 과학이다'라는 말도 있지 않은가, 한번 더 감사를 실천하면 인생이 달라진다. 감사한 것들이 생긴다.

셰익스피어 <햄릿> 2막의 대사에 보면, 우울한 왕자 햄릿은 학교 친구 로젠크랜츠와 길덴스턴을 만나자, 자신이 있는 궁전이 그야말로 감옥이라고 말했다. 사실 햄릿은 왕자이고 아름다운 여자 친구 오필리아도 있었다. 만약 햄릿이 이미 가지고 있는 것을 감사했다면 왕자의 인식이 사뭇 달라졌을 것이다.

한번 더 감사할 수 있어 감사하다.

이 책에서 제시된 지침들은 머릿속으로 아는 것만으로는 부족하다. 현실에서 활용할 수 있어야 한다. 실제로 감사의 위력을 발휘하지 못하는 사람들이 드문 이유이기도 하다. 일단 작은 감사일지라도 실천부터 행하는 것이 중요하다. 곧 변화된 자신의 삶에 놀라워하게 될 것이다. 뛰어난 사람들도 처음에는 형편없었다. 특히 실력은 연습에서 나온다. 그리고 목표를 달성하려는 끈기를 가져야 한다.

심쿵 기대된다. 감사 프로젝트를 한번 더 실천하여 다음의 말로 인사하게 될 것이다.

"감사하다가 성공해버렸다"
"감사가 제 인생을 바꿔놓았다"
"한번 더 감사했더니 달라졌다"

지혜로운 언어생활

할머니가 하는 말

"괜찮다, 늘 곁에 있어줄게."

"안 돼."가 아니고 "괜찮아."

"하지 마."가 아니고 "다들 그런 거야."

"혼나."가 아니고 "그래야 크지."

우리는 할머니가 손자 손녀에게 기다리며 긍정하는 말을 배워 사용해야 한다.

감사 습관의 힘

책 <인생은 말하는 대로 된다>의 저자 사토도미오씨는 말하기를 "한 사람의 현재 모습은 그 사람의 언어습관이 가져온 결과이다"라고 하였다.

묻겠다. 설레임과 희망적 기대로 시작된 좋은 인간관계가 왜 시간이 지나면서 대부분 시들해지는 것일까? 그 이유 중 하나로 그 만남을 소중히 감사하는 마음을 잃었기 때문이다. 앞으로 더 감사함에 집중하는 마음가짐이 필요하다. 진지한 감사하는 자세는 잃었던 관계가 회복되는 기회를 가져다준다. 그 뿐만이 아니라 상대의 소중한 것을 보게 하고 그의 가치를 인정해 주며 다시 힘차게 도약할 수 있게 된다.

하워드 가드너는 베스트셀러 <열정과 기질>이라는 책을 쓴 하버드 대학 심리학 교수이며 다중지능 작가이다. 그는 뛰어난 사람의 창조적 기질은 기존의 지성적 IQ이론이 아니라 오히려 감성적 EQ자질이라고 하였다. 그래서 잘 훈련된 성품으로써 떠오른 아이디어, 관계, 작은 것, 소소한 일에도 감사할 수 있는 마음가짐이 더 중요하다고 말했다.

전설적인 복싱 영웅 무하마드 알리는 무명 선수 시절에 항상 "나는 최고가 될 거야!" "나는 최고야!"라고 외치고 다녔다. 매스컴은 그를 허풍쟁이로 여겼지만 실제로 알리의 말대로 이기는 선수가 되었다. 유대인 경전 탈무드가 전하는 말에 보면 "가장 지혜로운 사람은 배우는 사람이고 가장 강한 사람은 자신을 이기는 사람이다. 그리고 가장 행복한 사람은 항상 감사하며 사는 사람이다"라고 전한다. 지혜로운 언어생활에 대해서도 말하고 있다.

"남을 험담(비방)하는 것은 살인보다도 위험한 것이다. 살인은 한 사람을 죽이는 것이지만, 비방은 세 사람을 죽일 수 있다. 비방당하는 당사자와 그 말을 같이 들은 사람, 그리고 비방하는 자신 이렇게 말이다."

우리는 하루 8만 6,400초의 시간 중 얼마나 자주 '감사하다'는 말을 진지하게 사용하고 있는가? 또 "안녕하세요, 오늘 좋아보이세요?"라는 인사를 물으며 맞이했는가? 누군가 안부의 물음에 서슴없이 "아주 좋습니다" "환상적입니다" "매일이 기적입니다"라는 호의적 말로 답하였는가? 만약 기쁨으로 대답을 했다면 그 말의 파동은 곧바로 좋은 호르몬 물질을 분비시킨다. 어쩌면 비즈니스에서는 성공을 만드는 환경을 갖게 해준다.

듣고 들어도 좋은 말

"총에 맞은 상처는 치료할 수 있어도,

사람의 입에 맞은 상처는 결코 아물지 않을 것이다."

_ 페르시아 속담

당신이 가장 좋아하는 말은 무엇인가?

내가 가장 좋아하는 말은 당연 '사랑해요!' '감사합니다!'이다.

이 말은 매일 들어도 설레며 듣고 들어도 참 좋다. 우리는 종종 '보고 싶었어' '고마워' '아픈 데는 없어' '참 좋다' '예쁘다' '밥은?' '사랑해' 등. 이 한마디로 나를 향한 사랑을 확인하기도 한다. 이러한 말들이 더 중요한 것은 성공과 행복, 그리고 건강을 결정짓는 중요한 언어이기 때문이다.

우리 두뇌는 스스로 생각하고 말하는 대로 바꾼다. 그래서 인생은 말하는 대로 된다. 얼마 전 히브리어 '아브라카 다브라(말하는 대로 된다)'라는 책을 출간했다. 하지만 어떤 경우에도 "바쁘다" "힘들다" "죽겠다" "못한다" "불가능하다"는 말을 사용하는 것은 좋은 습관이 아니다. 대신 듣고 들어도 좋은 다음의 말들을 입에 달고 다녀야 한다.

"사랑해" "잘했어" "미안해" "괜찮아" "내가 할게" "모두 고마워" "좋아" "수고하셨습니다" "응" "다 좋아" "네" "감사합니다" "용서합니다" "덕분입니다" "예쁘다" "알려줘서 고마워" "자주보자" 등등.

15년간 세계 최고의 토크쇼 자리를 지킨 오프라 윈프리의 말투들을 보면 "나를 용서하세요" "감사해요" "덕분입니다" "사랑해"였다고 한다. 복잡하고 분주한 사회적 관계 속에서 쉽게 짜증날 수 있는 상황이 종종 일어난다. 이때 최선의 해결 방법은 서로 배려하여 가장 공손하고 예쁜 말을 골라 사용해야 한다. 미소를 머금고 밝게 인사하고는 그 상황에 가장 잘 어울리는 부드러운 말을 사용한다.

그런데 갈등과 관계가 서먹해졌다면 자신이 먼저 사과를 한다. 예를 들어, "생각해보니 내가 경솔했고 생각이 깊지 못했어. 사과할게, 정말 미안해." "죄송해요, 잘 몰랐습니다. 다시 해 보겠습니다." 상대의 강점을 인정해 준다. "맞아, 네가 이 분야에 조예가 깊지. 먼저 말해!" 배려적 부탁을 한다. "부탁을 드리고 싶습니다. 이곳에서는 담배를 피울 수 없는 공간입니다. 사진을 찍어가거든요." 이는 듣고 들어도 좋은 말이다.

이처럼 상대방을 관찰하고 심사숙고하여 내뱉은 배려의 말과 사과의 언어는 말다툼을 줄여들게 한다. 특히 친구나 연인 사이에서는 더욱 돈독한 사랑의 관계로 형성하게 해준다.

배려된 긍정의 말은 마음에 심어져 긍지를 느끼고 자부심을 가지며 희망이 생기게 만든다. 요즘 사회 현상을 보면 슬프다. 말조심 하지 않으면 설령 실수로 한 말일지언정 갈등을 만든다. 그래서 한마디조차 말조심해야 한다.

하나님도 단호하게 말씀하셨다. "너희 말이 내 귀에 들린 대로 내가 너희에게 그대로 행하리니."(민 14:26-30)

이제 우리의 일상적 생활 속에서 진지하게 말을 사용해보라. 배려의 한마디는 커다란 효력을 발휘하게 될 것이다. 실로 새로운 신뢰적 관계를 얻게 된다.

들으면 독이 되는 말

'주자가훈(朱子家訓)'의 가르침은 명(明)나라 때의 백려(柏廬) 주용순(1620-1690)이 만든 것이다.

언다필실(言多必失)
: 말이 많은 것은 반드시 실언을 하게 된다.

"남의 험담을 하는 사람은 경망한 사람이고, 이와 더불어 맞장구를 치는 사람은 비겁한 사람이며, 이를 엿듣고 전하는 사람은 간사한 사람이다."

앞으로 최소한 말을 할 때 "내가 이 말을 해도 적절한가?"라고 스스로 물어보고 해도 늦지 않는다고 생각한다.

언어의 폭력

종종 해서는 안 될 폭언을 휘두르고 만다. 차라리 주먹으로 쳐서 난 상처라면 약이라도 바르고 병원에 가서 치료할 수 있다. 그러나 휘두른 언어의 폭력은 약도 없다. 폭언보다 더 큰 아픔과 상처를 주는 것도 없을 것이다.

이제 빈말이라도 독이 되는 말을 해서는 안 된다.

예를 들어 "죽일 놈" "미친 놈" "이 망할 놈의 세상" "내 인생이 엉망이야, 되는 대로 살자" "머리는 폼으로 달고 다니냐" "바보 등신" 등 말들은 절대 사용해서는 안 된다.

다음 아래는 어느 지인이 쉽게 사용했던 폭언들을 옮겨 봤다. 절대 사용해서는 안 되는 말들이다.

"이것도 못하냐?" "넌 왜 그 모양이냐?" "네가 뭐 해먹고 살겠냐?" "어쩜 넌 재주라고는 하나도 없냐" "네가 뭘 알겠냐?" "어린 것이 건방지다" "그냥 죽는 게 낫겠다" "어차피 버린 몸인데" "여기가 지옥이다" "너한테 월급을 줘야 하다니 돈이 아깝다" "너 바보야" 등등.

다음의 상대를 무시하는 말도 사용해서는 안 된다.

"근데" "어쩌라고" "됐거든" "당신은 항상 그게 문제야" 등등.

보통은 나를 신뢰해주고 있다고 느낄 때 힘이 넘친다. 나의 말을 듣고 인정해 줄 때 신난다. 그러나 믿었던 사람으로부터 무시를 당할 때 큰 허무와 절망을 갖게 된다. 나는 가볍게 한 말일지 모르나 상대방에겐 큰 상처와 좌절로 의욕을 잃게 만든다. 하지만 격려의 말은 들으면 들을수록 큰 힘이 된다. 특히 감사, 격려, 칭찬의 말은 반복해서 전한다. 기운을 불어넣어주기 때문이다. 그래서 어느 시인은 봄을 아지랭이를 타고 오는 손님이라 했다. 그러면 행복은 무엇을 타고 내게 들어올까?

바로 내 입술을 타고 들어온다.

실전, 언어생활 지침서

이제 결심하자. 누구를 만나든 미소 띤 얼굴로 먼저 맞이하여 인사한다. “감사합니다.” “좋아 보이네요.” “보고 싶었습니다.” “반갑습니다.” “안녕하세요, 환영합니다.”

누군가를 만났을 때 첫 인사말로, “보고 싶었습니다.”

인상이 좋은 사람을 보면 따듯하게, “인상이 좋으시군요.”

세월이 많이 지났음에도 그대로이신 분을 보면, “언제 뵈어도 한결같으시군요.”

하루의 힘든 일을 마치고 땀 흘린 분에게는, “오늘도 수고하셨어요.”

집으로 택배를 가져다주신 기사에게 정성어린 인사로, “정말 고맙습니다, 조심히 가세요.”

엘리베이터 문이 열리면 먼저 미소를 짓고는, “안녕하세요. 몇 층 가세요.”

버스를 타고 내리면서, “수고하셨습니다.”

집에 들어서면서 행복한 얼굴로 “사랑해, 그리고 수고 많았지요?”

밖에서 일을 마치고 돌아온 동료에게 “정말, 최고예요. 수고하셨어요.”

오랜 시간을 함께한 분들에게 “아프지 마시고요.”

커피를 주문하고 받으면서는 “행복하게 잘 마시겠습니다.”

그리고 누구를 만나든 미소를 지고 먼저 ‘감사합니다’로 인사하자.

"인생에서 중요한 것은 좋은 스승, 좋은 친구,

좋은 사람을 많이 가지는 일이다.

그리고 그 인간관계의 포인트는 정직과 감사이다."

-다케우치 히토시-

THANK YOU

2

감사 한마디의 위력 신과 같은 일을 해낸다

시나브로 감사하면 더 건강해진다.

내 몸을 감사로 채우기 시작하여 행복하다.

* 시나브로: 조금씩 조금씩, 은밀하게, 살금살금

신과 같은 일을 해 내는 힘

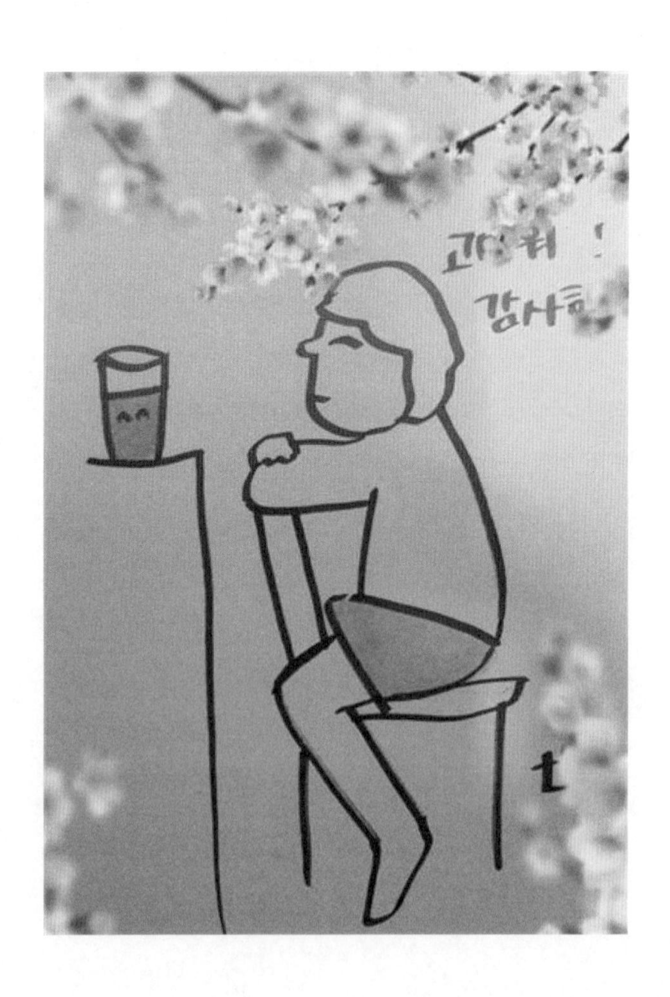

물아, 감사해!

한 번은 호기심이 발동했다. 물병에 물을 담아 '물아, 감사해!' '물아, 건강줘서 고마워!'라는 문구를 써서 붙이고 그 물을 마신 후 느낌을 실험해 봤다.

그리고는 웬지 모를 힘이 생기어 마음은 더 평안해졌고, 표정은 더 밝아졌으며 하루 기분이 내내 더 행복감을 느낄 수 있었다.

요즘은 커피를 앞에 놓고는 "커피야, 내 몸에 좋은 그윽한 향과 맛을 줘 고마워!" 말을 걸고 마신다. 물에게도 "건강한 물아, 고마워!" 말하며 마신다.

나는 평소 수시로 "감사합니다" "와 좋다" "나는 잘 될 거야" "나는 행복하다"라는 확신에 찬 말을 한다. 정말로 내가 어떤 말을 하느냐에 따라 결과가 달라진다. 그렇기 위해서는 말에 긍정의 간절함과 확신이 담겨 있어야 한다. 위력적이며 믿음이 가득 찬 적극적인 말은 능력으로 작용하기 때문이다. 그래서 평소에 내가 자주 하는 말이 실제로 행동을 하게 한다. 그 행동은 습관이 되고 몸에 밴 습관은 그 사람의 인격이 되어 운명을 결정짓는다.

어마무시한 말의 힘

투자의 귀재로 불리는 부자 기업가 워런 버핏의 한마디가 그대로 되었다. “나는 서른 살에 백만장자가 될 것이다.” 그 믿음의 말대로 현실이 되었다.

당신의 삶을 창조적이고 풍요롭게 이끌고자 한다면 간절한 의지를 갖고 말해보자. 믿고 말하는 대로 이루어진다. 이는 ‘아브라카 다브라(히: 말하는 대로 된다)’의 원리이기 때문이다.

흔히 “가는 말이 고와야 오는 말이 곱다”는 말이 있듯이 내가 흥하려면 흥하는 말씨이어야 한다. 말씨는 그대로 현실에 결실이 된다. 실제로 성공한 사람들을 만나보면 하나같이 긍정적이고 상대에게 희망을 주며 격려하는 말에 능하다. 우리 속담에 보면 “말 한마디에 천 냥 빚을 갚는다”고 하지 않는가. 몽골 속담에도 “칼의 상처는 아물어도 말의 상처는 아물지 않는다.” 솔로몬 왕도 말하기를 “지혜로운 이들의 혀는 지식을 베풀지만 우둔한 자들의 입은 미련함을 내뱉는다.”(잠언 15:2)

그리스 철학자 고르기아스(Gorgias, BC 487-376)는 말의 능력을 신과 같은 일을 해내는 힘이라고 단호하게 전했다.

"말은 강력한 주인이다. 말은 아주 작아 보이지 않는 몸이다. 하지만 신과 같은 일을 해낸다. 두려움을 멈추게 하고, 슬픔을 가시게 하며, 즐거움을 빚어내며, 연민의 마음을 키우기 때문이다."(헬레네 찬사 제8장)

그는 심지어 말을 강력한 지배자라고까지 주장한다. 한마디로 말은 사람의 마음을 좌우하는 힘을 가지고 있다는 의미이다.

"말은 신과 같은 일을 해낸다."

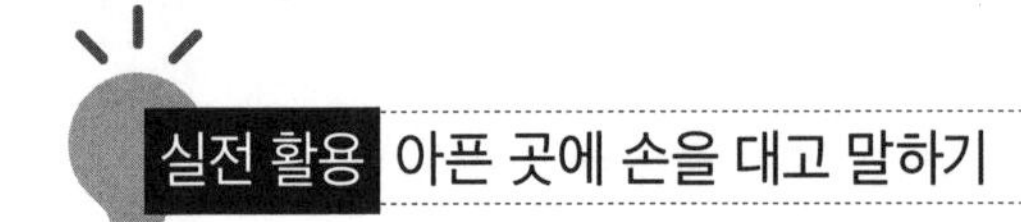

실전 활용 아픈 곳에 손을 대고 말하기

혹시 내 몸의 어디가 불편하거나 아프면, 또 자주 반복되는 통증이 있다면 그곳에 자신의 손을 대고 주의 깊게 이야기한다. 신이 내려준 절대 긍정의 말을 건넨다. 예를 들어 보겠다.

"나는 아프지 않아. 견딜 만해."

"이 아픔은 금방 나을 거야."

"난 건강한 체질이야."

"나의 통증이 깨끗하게 사라졌다."

"배의 속 쓰림이 나아졌다."

"나는 아주 건강하다."

"통증은 사라져라."

신의 언어

긍정의 치유력

<국부론>의 저자 애덤 스미스(Adam Smith, 1723-1790)는 영국의 경제학자이다. 그가 한 산문에 쓴 내용을 보면 '감사'를 인간의 가장 존경스러운 본성을 드러내도록 자극하는 감정으로 묘사했다.

로나 쿠브잔스키 하버드 공중보건대학 박사는 1300여 명의 건강한 백인 남자를 대상으로 10년에 걸쳐 조사를 실시했다. 그의 결과를 보면 낙관적인 사람일수록 흉통이나 심장병 발병 위험이 25퍼센트 줄어든다는 것을 밝혀냈다. 또 관상동맥 질환의 위험에서 벗어나는 데 도움이 된다고도 말했다.

다음은 실천 감사 프로젝트다.

매일 반복하여 긍정의 생각과 감사의 말을 자신에게 들려주자.

이를 테면 "오늘 정말 수고했어" "감사하고 사랑해" "난 행복한 사람이다" "예쁘고 멋지다" 등.

이러한 긍정의 말 한마디가 통증은 사라지고 몸의 피로는 풀리고 건강한 삶으로 이끌게 될 것이다. 더불어 내 뇌에서 신경전달물질이 분비되어 면역력은 더욱 튼튼한 세포가 되어 활동하게 된다.

디팩 초프라(Deepak Chopra)는 세계적으로 유명한 의학자이자 영성 지도자이다. 인도 뉴델리에서 태어나 하버드의대에서 공부했다. 그는 즐거운 마음이 인체의 면역 체계에 영향을 준다. 그러면서 긍정적인 마음은 면역 체계를 강화하는 반면, 부정적인 마음은 면역 체계를 약화시킨다고 했다. 따라서 긍정적인 마음가짐은 면역 체계를 강화시키어 질환을 예방하고 치유하는데 도움을 줄 수 있다. 실제로 그는 저서 <마음의 기적>에 긍정적인 생각과 말로 암을 치유한 환자의 이야기를 들려준다.

그리고 디팩 초프라는 확신 있게 말했다.

"긍정적인 생각과 말은 놀라운 치유력을 지니고 있다."

신의 언어 즐겨 쓰기

피터 톰킨스의 저서 <식물의 정신세계>에 보면 식물들이 우주의 소리에 늘 귀 기울이고 있다는 얘기가 나온다. 그뿐만 아니라 아름다운 음악을 들려주면 식물들이 더욱더 무럭무럭 잘 자란다고 한다. 그는 식물 실험을 통해 호의는 호의를 끌어들인다는 원리를 확인하게 되었다.

긍정심리학의 창시자 마틴 셀리그만은 <낙천주의자가 돼라>라는 저서에서 '감사하는 마음을 가진 사람은 그렇지 않은 사람보다 건강하고 장수하며 노화를 더디게 한다'라고 하였다.

그리스의 철학자 아리스토텔레스는 '베푸는 사람이 감사를 더 느낀다'는 점을 지적했다. 고로 건강한 삶은 날마다 진심어린 감사하는 마음을 갖는 것으로부터 시작된다.

내가 살펴보니 성공한 사람과 실패한 사람의 차이는 평소 그들이 즐겨 사용하는 말투에서도 확인 할 수 있다. 그래서 성공한 사람은 매사 긍정적인 생각과 말을 많이 사용하는 반면, 실패하는 사람들은 평소 불만과 짜증스럽고 부정적인 말을 많이 사용한다.

다음의 물음에 각자 답해보라.

그렇다면 당신이 즐겨 쓰는 말투는 무엇인가?

평소 신의 언어를 쓰고 있는가, 아니면 저주의 언어를 사용하고 있는가?

신의 언어는 말한 대로 이루어진다는 것을 의지하여 말하고 있는가?

말 못하는 식물과 동물도 언어의 위력을 듣고 쑥쑥 성장하는데, 하물며 말이 지대한 영향을 준다는 것을 알고 있는 사람은 오죽할까? 그래서 확신에 찬 긍정의 말씨는 기적을 만든다고 하지 않은가?

우리는 말이 가져오는 큰 위력을 기억하며 항상 선하고 따뜻한 표현, 곱고 예쁘고 부드러운 언어를 쓰려고 노력해야 한다. 이것이 신의 언어를 즐겨 사용하는 것이기 때문이다.

실전 활용 날마다 자신에게 쓰는 한마디

"난 건강한 체질이야."

"오늘 하루 수고했어."

"난 부자다!"

"늘 최선을 다해줘서 고마워."

"나는 스마트하고 이해력이 탁월해."

"잘했다."

"나는 좋다."

"나를 많이 사랑한다."

"신은 언제나 내 편이다."

"오늘도 감사해."

혼자말일지라도

혼자말일지라도 감사하며 행복하다고 표현하자.

"예쁜 구두가 없다고 울고 있는데, 길에서 발이 없는 사람을 만났다." 김연우의 저서 <위대한 한마디> 중에 나오는 구절이다.

평소 일상에서 '감사합니다'라는 따뜻한 말씨를 뿌리며 살자. 자꾸자꾸 감사 표현은 일상이 되어야한다. 현재 있는 것에 감사하고 우선 자신에게 감사를 실천해 보자.

말은 빈말이 없다.

우리가 혼자말일지라도 "오늘은 기분이 좋지 않다" "머리가 아프다" "오늘 일이 잘못 될지도 모른다" "일하기 싫다"라는 말 그대로 되어 진다.

월스트리트 저널지에 실린 기사 중에 혼자말일지라도 그것이 삶 속에서 마법처럼 영향을 주고 실제화가 된다는 기사를 읽었다. 그러므로 혼자말일지라도, 빈말이라도 "좋다" "힘내" "해보자" "할 수 있어" "괜찮아" "잘했어" "더 좋아졌네" "사랑해" "수고했어" 등 절대 긍정의 말을 하라. 또 몸이 아플 때조차 "나는 아픔을 이겨낼 힘이 있어" "아프지 않아" "나는 튼튼해" "곧 나을 거야"라는 말을 들려주면 몸이 더 빠르게 회복될 것이다.

이유는 감사와 긍정의 말은 신이 내려 준 특효약이며 신묘한 위력을 가지고 있기 때문이다.

우리 스스로를 감사하고 응원해 주지 않으면 누가 자신을 격려해 주겠는가? 먼저 자신에게 서슴없이 감사하고 사랑해줘야 한다. 분주한 사회생활을 하다보면 어느 순간 마음이 위축되고 자신감이 없을 때가 생긴다. 열심히 노력했는데도 원하는 만큼 성과를 내지 못했거나 좌절할 때, 이때야말로 긍정의 감사로 위로해줘야 할 기회다. 또는 시련이 닥쳤을 때나 어려움을 만났을 때, 일이 잘 안 풀릴 때, 뜻한 것이 생각대로 되지 않을 때, 실수했을 때, 상사나 어른으로부터 야단맞았을 때, 이때야말로 따뜻한 온기로 감사와 격려를 들려주어야 할 때이다. 필히 사랑의 특효약을 먹여야 한다. 그래야 자존감이 높아지게 되어 다시 힘차게 도약할 수 있다.

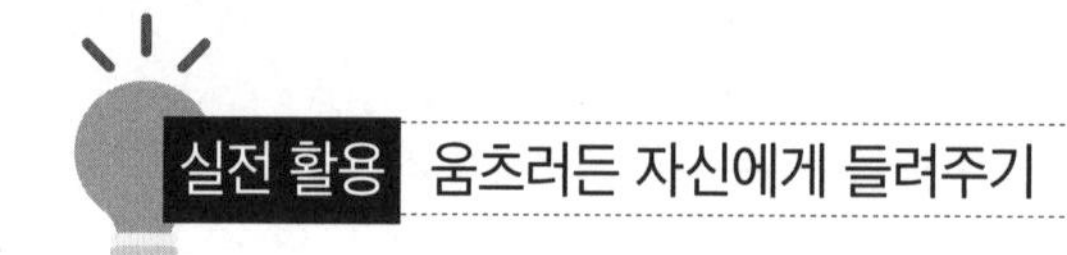

실전 활용 움츠러든 자신에게 들려주기

"이것은 기회다. 또 실수를 했지만 그래도 다시 잘해보려고 시도하는 나는 더 잘하게 될 것이다."

"나 때문에 문제가 생겼지만, 이러한 상황에서도 내 자리를 성실히 지킨 나는 책임감이 있는 사람이다."

"이번에 실패 원인을 알았으니, 다음번에는 더 잘 할 수 있어."

"오늘도 수고했지, 그래도 잘 했다."

하늘에 닿게 하는 말

자기효능감 높이는 법

자기효능감이 높은 사람들은 어떤 일이든 자신감이 있기 때문에 일을 하더라도 꾸준히 인내하여 좋은 결과를 가져오게 된다. 어려운 과제가 주어져도 그 일을 수행함에 있어 불가능성보다 가능성을 본다. 설령 실패를 하더라도 패배감에 빠지는 대신 재빨리 회복하며 스스로를 비하하지 않는다. 그런데 자기효능감은 타고나는 것이 아니라 노력과 의지를 통해 훈련으로 얻을 수 있다.

심리적 용어 '자기효능감(self-efficacy)'의 개념을 처음 소개한 캐나다의 심리학자 반두라(A. Bandura, 1977-)는 자신이 어떤 과제를 수행 할 때 목표달성을 위해 계획하고, 계획한 것을 실천할 만한 능력이 있다고 믿는 신념이라고 보았다.

그렇다면 당신의 자기효능감은 센가?

자기효능감이 센 개인은 도전적이고 구체적인 목표를 선택한다. 반면 자기효능감이 낮은 사람은 매사에 의욕이 없고 새로운 과제를 귀찮아한다. 처음엔 흥미 있어 하다가도 곧 싫증을 낸다. 또 자기 스스로의 의지력이 아닌, 강압에 의해 억지로 시작하고, 약간만 어려운 고비를 겪어도 금방 포기하기 일쑤이다.

그렇다면 자기효능감은 어떻게 높아질까?

타인의 칭찬과 격려, 감사를 받거나 인정해주면 증가된다. 또한 긍정의 구호를 외치거나 친절한 피드백 등을 통해 긍정적인 정서를 가짐으로서 자기효능감이 증진된다. 또 발표력을 키워주고 사랑과 관심을 갖고 신뢰적 관계를 맺을 때도 높아지게 된다. 무엇보다도 감사한 마음을 품고 살면 자기효능감이 높아진다.

병을 고치는 특효 약

향기로운 꽃에 벌과 나비가 모여들 듯이 감사하고 고맙다는 말을 많이 사용하면 긍정적인 에너지가 주변을 감싼다. 마음은 밝아지고 표정 또한 부드러워지며 젊음을 더 연장시키는 호르몬 분비까지 얻게 된다. 그래서 상대방의 긍정적 이미지를 떠올리며 감사하는 마음을 품는다. 더불어 감사한 마음으로 나눈 말은 싱싱하게 생명력 있도록 만들어준다. 또 숙면을 가져오고 피곤함을 없애준다. 그리고 스트레스를 해소해 준다.

우리나라가 여전히 OECD국가 중에서 자살률과 우울증 1위를 차지하는 오명은 어쩌면 감사할 줄 모르는 마음과 비교의식 때문일 수도 있다. 분명하게 말하지만 긍정적이고 감사하는 마음은 부단히 노력하고 훈련을 통해 얻게 된다.

유명한 호주의 TV작가 겸 제작자인 론다 번(Rhonda Byrne)의 <시크릿>에는 유방암에 걸린 케이시 굿맨 이야기가 나온다. 하루에 웃을만한 일들을 찾았고 웃고 웃었다. 그는 매일 나았다는 확신을 갖고 감사하다는 말을 했는데, 세 달 후 암세포가 완전히 사라졌다고 기록했다.

그는 날마다 이렇게 말했다.

"고쳐주셔서 감사합니다." "내 병은 나았다."

심리적으로 병이 낫는다는 믿음을 갖고 웃는 것도 병을 고치는 특효약 중 하나이다. 기뻐 웃을 때 신경전달물질인 엔도르핀이 분비되기 때문이다. 그렇다. 어떠한 환경과 악조건 속에서도, 문제와 갈등 가운데 감사하는 마음을 갖는 것이 진정한 힐링의 시작이다. 론다번 작가는 정말 감사함으로써 전혀 예상치 못한 기적을 맞이할 수 있다고 말했다.

독일의 한 중년이 대학병원 수술실에서 혀(舌)에 암이 생겨 혀를 절단하는 수술을 받게 되었다. 마취 주사를 손에 든 의사가 잠시 머뭇거리더니 "마지막으로 남기실 말씀 없습니까?"라고 물었다. 환자가 말을 남기는데 있어서는 마지막 순간이었다. 그를 둘러 선 모든 사람들의 표정과 분위기는 초집중되었다. 잠시 침묵이 흐른 후 그가 눈물을 흘리며 단 세 마디를 남겼다.

"감사합니다" "감사합니다" "감사합니다"

사실 사람들은 늘 위로와 감사의 말에 목말라있다. 시인이며 신학자인 요하네스 A.게르트너는 **"감사하다고 말하는 것은 예의바르고 기분 좋은 것이며, 감사하는 마음을 실천하는 것은 마음이 넓고 고귀한 것이다. 하지만 감사하는 마음으로 살아가는 것은 하늘에 닿는 일이다"**라는 말을 하였다.

참으로 놀라운 발견이다. 감사하는 말은 하늘에 닿게 하는 힘이다. 그래서 감사의 위력은 위대하다. 신이 내려준 선물이기 때문이다.

미국의 방송인 오프라 윈프리는 감사의 힘을 이렇게 말했다.

"나는 작은 일에 감사하기 시작했고, 더 많이 감사할수록 내게 주어지는 포상금이 늘었다. 뭔가에 마음을 모을수록 그것이 커지기 때문이다. 삶에서 좋은 일에 마음을 모으면 좋은 일이 더 많이 생긴다. 내 삶에 무슨 일이 일어나든 감사하는 법을 배우자.., 기회, 인간관계, 심지어는 돈도 내게로 왔다."

모든 사람들은 감사받기를 좋아한다. 감사는 그 사람의 가치를 인정해 주는 것이다. 인생을 변화시키는 힘은 감사라며 <감사>라는 책을 쓴 미국의 작가 M.J 라이언은 감사의 위력을 다음 3가지로 제시했다.

1. 기쁨이 넘치며 언제나 생기가 있고 우울감이 치유된다.
2. 건강해지고 걱정 근심이 없어지며 매력적인 사람이 되고 고통과 분노가 사라지며 부족함을 받아들일 수 있다.
3. 모든 생명체와 교감이 있으며 평범한 일상도 기쁨으로 받아들인다.

THANK YOU

3
궁정의
센 자기암시의 말

분노의 마음을 감사하는 마음으로, 불만족을 감사하는 태도로,

스트레스도 역시 감사의 표현으로 바꿀 수 있다.

정말 잘 드는 약(藥)

"된다, 가능하다, 할 수 있다"
"오늘 하루도 하는 일마다 잘 될 것이다"
_하루 10번 자기암시 말하기

신이 내려준 최고의 명약(名藥)

웃음, 감사, 칭찬 그리고 격려는 신이 내려준 최고의 명약(名藥)이다. 누구든 이 명약을 먹으면 기분이 좋아진다. 설령 그게 가벼운 칭찬일지라도 행복감이 상승되고 마음도 기쁘다.

미국의 심층뉴스 TV프로그램 인사이드 에디션의 진행자로 유명한 데보라 노빌(Deborah Norville)은 <감사의 힘>이란 저서에서 성공은 '감사합니다'라는 말을 자주하는 습관에서 비롯된다고 말했다. 놀랍게도 '감사합니다'라는 말을 하는데 0.3초밖에 걸리지 않는다. 이 0.3초는 감사의 기적을 만들기에 충분하다.

얼마 전 황혼이혼을 앞둔 지인 분과 대화를 하게 되었다. 30년을 마지못해 살았으며 서로 마주 보고 앉아 얘기를 하거나 같이 웃어 본 적이 없었다고 한다. 그들에게 내가 내린 처방전은 격려였다. 이를 테면 "여보‥고마워!" "여보‥사랑해!" "당신 오늘 수고했어!" "당신이 내 아내라 정말 행복해!" 등등. 이처럼 상황에 맞게 하루 10번씩 사랑의 말을 해 주는 것이었다. 그들은 행복하고 재미있게 살고 있다.

그리고 다음으로 사랑의 포옹이나 스킨십이다. 흔히 '피부는 제2의 뇌'라고 불린다. 그러므로 따뜻한 포옹은 뇌를 자극한다. 부부가 하루에 다섯 번 포옹을 할 때마다 "사랑해요" "고마워요" "감사해" 등 긍정의 말을 하며 스킨십을 나눈다.

이 처방의 효능은 엄청 탁월하여 정말 잘 드는 약이다.

원광대학교 보건복지학부 김종인 교수팀이 전국의 100세 이상 노인 507명을 대상으로 장수 요인을 조사하였다. 이들 중 90%가 화를 내지 않고 낙천적 성격으로 평상시 긍정적이고 매우 잘 웃는다는 것이다. 또 텍사스 대학교의 테드 휴스턴(T. L. Huston) 교수는 결혼한 부부 145명을 13년에 걸쳐서 추적 조사하여 어떤 부부가 주로 이혼하는지를 조사하였다.

결과는 서로 욕하는 부부였다고 한다. 반대로 이혼하지 않고 행복하게 사는 부부들은 애정을 자주 표현하거나 칭찬하는 부부였다고 한다.[1]

---

1) 말투 하나 바꿨을 뿐인데, 나이토 요시히토, 역 김한나, 유노북스.

우리 몸은 칭찬 받고 기분이 좋을 때, 감사할 때, 좋아서 울 때, 체내 혈액 속에 흐르는 엔도르핀이 증가하고 암세포를 공격하는 자연살상세포(NK)의 활성화가 높아진다. 그리고 뇌 뉴런이 움직여 잠자고 있던 뇌를 깨운다. 일본 오사카 대학원의 신경기능학 팀에서도 칭찬을 주고받아 기쁘고 즐거울 때, 병균을 막는 항체인 감마인터페론의 분비가 증가해 바이러스에 대한 저항력이 커지며 세포 조직의 증식에도 도움이 된다고 밝혔다.

〈체크하기〉
독(毒)일까, 약(藥)일까?

신이 내려준 약(藥)에는 치유하는 좋은 약도 있지만 독(毒)이 되는 약도 많다. 물론 누구도 독이 되는 약을 복용하기를 원치 않는다. 다음의 말은 독일까, 좋은 약일까? 살리는 말인지 해치는 말인지를 체크해 보라.

말	약(藥)	독(毒)
"그럴 수 있지, 괜찮아"	( )	( )
"너가 내 친구였다는 게 치욕이다"	( )	( )
"내가 보니 넌 가장 저질이야"	( )	( )
"지옥이나 떨어 저라"	( )	( )
"엄마는 너를 사랑한단다"	( )	( )
"빌어먹기 꼭 좋겠다"	( )	( )
"너 같은 건 필요 없어"	( )	( )
"함께라면 더 잘 할 수 있어"	( )	( )
"나는 쓸모없는 인간이다"	( )	( )
"틀려도 괜찮아, 힘내"	( )	( )
"열심히 했으면 된 거야"	( )	( )
"바보 같은 놈"	( )	( )
"누굴 닮아 그 모양이냐?"	( )	( )

긍정적인 마음가짐

보통 사람들은 하루에 약 5만 번 정도의 생각을 한다. 미국의 심리학자인 셰드 헴스테더(Shad Helmstetter) 박사는 사람들의 생각 중에 75퍼센트가 부정적인 생각이고, 25퍼센트만이 긍정적인 생각이라는 것을 밝혀냈다.

신경과학자들은 모든 긍정적 생각이 두뇌를 통해 화학적인 신호를 보내서 궁극적으로 우리 몸의 모든 세포에 영향을 준다는 것을 밝혀냈다. 그러므로 우리의 삶은 생각의 결과물인 것이다. 그러면 언제 얼굴이 반짝반짝하게 미소를 지을까? 당연 긍정적 생각을 가질 때이다. 이는 기쁜 감정의 호르몬이 나왔기 때문이다.

캘리포니아대학교 심리학 교수인 대처 캘트너(Dacher Keltner)는 진짜 웃음을 실천한 사람들이 가짜 웃음의 사람들보다 더 건강하고 더 행복한 삶을 유지한다고 하였다.[2]

그러므로 진짜 젊음이란 나이와 상관없이 뇌의 전두엽이 건강해야 한다. 뇌 나이를 젊게 하려면 잘 노는 뇌로 만들어주라. 뇌의 신경 연결망을 새롭게 만들고 변화를 긍정적으로 받아들이게 한다.

---

2) 선의 탄생, 대처 켈트너, 역 하윤숙, 감수 장대익, 옥당, 2011.

다음은 전두엽을 젊게 유지하는 7가지 방법이다.

젊게 사는 법 7가지

1. 큰 소리로 자주 웃는다.
2. 감사할 줄 알고 항상 기뻐하라.
3. 잘 노는 뇌로 지적인 자극을 많이 주어라.
4. 혼자 시간을 의미 있게 보내는 힘을 길러라.
5. 균형 잡힌 식사와 꾸준한 운동을 하라.
6. 호기심과 탐구심이 뇌를 젊게 한다.
7. 공부하는 뇌가 젊어진다.

입 속의 약(藥)과 독(毒)

입 속의 도끼

이 세상에서 가장 상쾌한 과일은 감사다

_ 메난드로스(그리스의 희곡작가)

미국 아칸소대 심리학과 교수인 제프리 로어는 "화가 난다고 해서 불평을 쏟아내는 습관은 마치 밀폐된 엘리베이터에서 방귀를 뀌는 것과 같다. 당장은 시원할지 몰라도 금세 주변 사람들이 괴롭고 나 자신까지 괴로워진다'라고 말했다.

우리 몸에는 스트레스를 받을 때 분비되는 '코르티솔(Cortisol)'이라는 호르몬이 있다. 이를 '스트레스 호르몬'이라고도 불린다. 미국 아칸소 주립대학교 연구팀에 의하면, '회사나 가정에서 부정적인 생각을 자주 하는 편'이라고 응답한 사람은 이 코르티솔 호르몬이 두 배 가량 더 분비되었다고 한다.[3] 이러한 불평과 원망은 곧바로 여러 가지 '악(惡)'으로 발전하게 된다.

여느 사람들은 쉽게 감정을 통제하지 못하고 욱하는 성질로 상대에게 깊은 상처를 주는 말들을 입 밖으로 내뱉곤 한다. 그런데 뒤늦게 후회하고 사과를 한다 해도 쉽게 치유되지 않는다. 말이 도끼가 되어 이미 깊은 상처를 남겼기 때문이다. 그러므로 기분이 나쁘고 흥분이 된다고 하여 상대를 인격적으로 모독하거나 무시하는 막말을 해서는 안 된다. 무릇 사람의 입 안에 도끼가 있어 몸을 찍기에 말이다. 더 놀라운 사실은 독(毒)이 되는 말은 상대방의 몸을 찍는 데에 그치지 않고 무서운 도끼로 되돌아와 제 몸을 찍는다. 이제 일상에서 독이 되는 말을 사용하지 말아야 한다.

독이 되는 말 7가지

1. "병신" "바보" "아무짝에도 쓸모없는 인간아"...
2. "필요 없어" "나가 죽어" ...
3. "네 잘못이야" "너 때문이야" ...
4. "추하다" "더럽다" ...
5. "난 못해" "할 수 없어" ...
6. "미워" "싫어" ...
7. "실패" "끝이다"...

---

3) 기사 : https://cebuin.com/column/view/14160

독(毒)이 되는 분노의 침전물

하나님께 감사할 때 모든 질병이 쫓겨난다.

_ 독일 시인 하이네

분노의 침전물 실험

어느 실험에서 화를 내는 사람의 호흡과 감사하는 마음을 가진 사람의 호흡을 병에 모은 뒤 그 안에 모기를 풀어놓았다. 그 결과 전자의 모기는 얼마 가지 않아 죽었고, 후자의 모기는 더 오래 살았다.

이처럼 화, 욕, 분노는 우리 몸에 직접적인 독(毒)으로 작용한다. 미국 워싱턴대학교 심리학과 엘마 게이츠(1859-1923) 교수는 화, 욕, 분노가 사람에게 얼마나 나쁜 영향을 끼치는지를 실험으로 증명했다. 그는 사람들이 말할 때 나오는 미세한 침 파편을 모아 침전물을 분석했는데, 사람의 감정 상태에 따라 침전물의 색깔이 달라짐을 알아냈다.

침전물은 평상시에는 무색이었지만 '아름답다' '감사하다' '사랑 한다' '좋습니다'라는 말을 할 때는 분홍색, 그리고 화를 내거나 짜증, 욕을 할 때의 침전물은 짙은 갈색이 되었다. 이 갈색 침전물을 모아 실험용 흰 쥐에게 투여했더니 쥐가 몇 분 만에 죽고 말았다. 그는 이를 '분노의 침전물'이라고 이름 붙였다.

실험 결과에서 보듯이 욕, 화, 분노, 저주 등은 독(毒)이 된다는 것이다.

또 영국 런던대학교 존드웨일 박사의 연구결과에 따르면 화, 욕, 분노는 일반 단어보다 4배나 더 기억에 오래 남는다고 하였다. 정말 놀라운 실험 결과들이다.

노화를 방지케 하는 언어 생활

헬스조선에 의해 발표된 암에 관한 10가지 굿 뉴스 가운데 하나가 긍정의 언어생활이었다. 부부사이에 고운 언어생활이 암 예방과 노화 방지에 큰 효과가 있다는 연구결과가 나왔다. 또한 일찍이 연세대학교 사회복지학과 김재엽 교수 연구팀은 부부 사이에 주고받는 '고맙다' '감사하다' '사랑한다'는 긍정적인 표현이 암 예방과 노화방지에 효과가 있다고 밝혔다.

특히 노인 남성 30명을 대상으로 실험한 결과 배우자에게 매일 이런 표현을 한 그룹이 암 환자의 혈액 내 산화성 스트레스 지표가 5퍼센트 감소했고, 항산화 능력 지표는 30퍼센트 늘었다는 결과를 얻었다. 즉 긍정적인 말 한마디로 건강을 지킨다는 의미이다. 그래서 나는 자주 '마음이 건강하면 몸도 건강하다'는 말을 실천하라고 권한다.

참고로, 독이 되는 산화성 스트레스(oxidative stress)는 세포의 균형을 잃고 조직 손상을 일컫는다. 이는 노화와 암 그리고 인간에게서 나타나는 질병과 연관되어 있다. 이 활성산소가 증가하면 인체에 해롭게 작용하고 노화도 촉진한다. 그러나 긍정의 언어생활은 노화를 더디게 한다.

실전, 바로 써 먹는 자기암시 처방전

자기암시법 창시자 겸 약사 '에밀 쿠에'

'말하는 대로 된다(아브라카 다브라)'

'크게 생각할수록 크게 이룬다'

'된다, 된다, 나는 된다'

'나는 모든 면에서 날마다 더 나아지고 있다'

위 모두는 자신이 바라는 것을 지속적으로 말함으로써 그대로 이루어지는 자기암시법을 말하는 것이다. 어쩌면 의사들이 가장 싫어하는 말일 수도 있다. 효과가 전혀 없는 엉터리 처방전을 받고는 건강이 호전되기 때문이다. 즉 긍정의 생각이 건강에도 영향을 끼친다는 자기암시법이다.

다음의 사례를 상황에 맞게 바꾸어 일상생활에서 적용해 보자. 긍정의 자기암시로 치유의 효과를 보게 될 것이다. 이 에밀 쿠에의 '자기암시법'은 사람마다 그 효과가 다를 수 있다. 그러나 부작용은 없다.

통증을 치유하는 약

지금 통증이나 피로로부터 회복하고 싶다면 자기암시의 힘을 믿고 시행한다. 혈액순환을 돕고, 피로, 소화, 통증 등의 치유를 돕는다.

"피로는 사라진다"

"혈액이 잘 순환한다"

"소화가 잘 된다"

"통증은 완전히 사라질지어다"

정신을 변화시키는 약

자기암시는 정신적 아픔의 치유에도 도움이 된다. 우리의 뇌에는 낡은 본능, 나쁜 생각, 게으른 생각, 그릇된 습관과 관념 등이 깊이 박혀 있다. 따라서 자기암시를 통해 새롭게 교체작업을 하면 도움이 된다.

"낡은 본능은 빠져나오라"

"부정적인 생각을 바꾼다"

"나쁜 관념과 습관을 새로운 것으로 교체한다"

"바른 행동을 하겠다"

"낡은 사고는 파괴하라"

성공을 부르는 약

'성공하겠다'는 확신을 가지면 그 꿈은 현실이 된다. 성공할 기회를 가져오게 될 것이다. 먼저 성공을 부르는 마인드를 가져라.

"나는 성공할 것이다"

"우리 회사는 큰 번창을 누리게 될 것이다"

"나는 부자다"

"생생하게 큰 꿈을 꾸고 있다"

"성공은 언제나 나의 편이다"

"내가 상상하면 현실이 된다"

자존감을 키우는 약

날마다 30번씩 반복하여 외친다. 그러면 자존감을 키우게 된다.

긍정적인 자기암시법은 탁월하다. 절대 부작용이 없다.

효과만 있을 뿐이다.

"된다, 된다, 나는 잘 된다"

"하자, 할 수 있다, 해 보자"

"하는 일마다 잘 된다"

"즐기는 자가 이긴다"

자신감을 키우는 약

거울 앞에 서서 자신에게 자기암시법을 날마다 30번씩 외친다.

'할 수 있다'는 자신감을 키워 줄 것이다.

"나는 멋지다!"

"나는 미인이다"

"난 자신감으로 가득 차 있다"

"난 할 수 있다"

리더십을 세우는 약

부모가 자녀에게 칭찬의 약을 매일 복용시킨다.

직장에서 함께 일하는 동료들에게 칭찬을 먹인다.

이는 성과를 내게 한다.

"오늘도 참 잘했어"

"정말 수고했어"

"밥 먹었니"

"그래도 잘 했다"

"틀려도, 괜찮아"

"과장님은 이 분야에서 최고입니다"

태아에게 먹이는 약

잉태된 아이는 엄마가 마음속에 품었던 대로 외모와 특징을 가지고 태어난다. 태 안에 있을 때부터 엄마가 끊임없이 들려준 암시를 자연스럽게 받아들여서 태어난다. 그러므로 좋은 생각과 말을 먹인다. 그리고 따뜻한 음악과 독서를 즐긴다.

"사랑해, 아기야"
"점점 좋아지고 있구나"
"오늘도 건강하게 놀아줘 고맙다"
"책을 읽어줄게"
"우리 이 아름다운 음악 들을까"
"잘 먹어줘서 고마워"
"우리 아기 똑똑하네!"

내적 동기를 만드는 약

외적 동기보다 내적 동기를 갖는 사람이 강력한 힘을 만들어 낸다.
내적 동기를 위해 일하는 사람이 더 행복하다.

"나는 이 일을 좋아한다"
"나는 이 작업을 참 잘한다"
"이 직업이 나의 천직이다"
"나는 이 분야에서 최고다"
"나는 언제나 1등이다"

THANK YOU

4

오늘은 내가 한턱 쏠게!

감사하면 나의 포부가 줄어드는 것이 아니라 증가한다.

끼니마다 감사해!

<식사 감사기도>, 프란츠 폰 데프레거, 1875년

화가 ‘프란츠 데프레거’의 참 아름다운 <식사 감사기도> 명작을 통해 감사의 재발견을 다시금 되새긴다.

“맛있는 음식을 주셔서 감사합니다.
소중한 당신과 함께 식사할 수 있어 행복합니다.
가장 훌륭하고 근사한 식사자리를 준비하여
좋아하는 사람들을 초대하겠습니다.
그리고 오늘부터 어떤 음식 앞에서도 겸허히
감사한 마음을 갖고 먹겠습니다.”

나는 자주 벨기에의 역사학자 겸 화가 ‘프란츠 데프레거’의 명화 <식사 감사기도> 작품을 감상하곤 한다. 이 작품이 주는 감동이 당신에게도 행복하고 감사함의 울림으로 전해지기를 바란다. 그림을 액자로 만들어 늘 보이는 곳에 붙여 두는 것도 좋을 듯 싶다.

<식사 감사기도> 작품은 밥상머리 교육의 현장을 그대로 담은 듯하다. 인상적인 건 할머니가 가장 어린 아이에게 식사 기도할 때 손을 모으는 감사의 법을 가르치고 있다. 누구에게나 식사시간은 가장 행복한 자리이다. 그리고 식사시간의 대화는 사람됨이 빚어지는 중요한 시간이다. 그래서 끼니마다 가장 먼저 감사를 배우게 해야 한다.

그래서인지 하루 세 번 음식 앞에 진지하게 감사기도를 드리고 나서 먹는다. ‘맛있는 것을 주셔서 잘 먹겠습니다.’ ‘감사히 먹겠습니다.’

한 번 속았다 생각하고 감사하기

소확행

왜 호랑이를 만들었냐고 신께 불평하지 말고,
호랑이에게 날개를 달지 않은 것에 감사하라.
_ 메난드로스(그리스의 희곡작가)

사실 우리사회에는 역경 속에서도 피나는 노력으로 자신의 분야에서 최고가 된 대단한 젊은이들이 많다. 그리고 늦은 나이에 새로운 분야를 배워 개척한 중년의 사람들도 많다. 나는 그들에게 격려의 큰 박수를 보낸다. 작은 것을 가지고 새로운 미래를 준비하고 개척하고 있는 사람들에게도 진심어린 격려를 전한다. 지금 이들에게 가장 필요한 것이 격려이기 때문이다. 놀랍게도 개척하여 성공한 사람들의 특징은 항상 현재에 집중하고 감사하는 소확행(小確幸 작지만 확실한 행복)의 자세를 갖고 있었다.

캘리포니아 데이비스대학교 심리학과 로버트 에먼스 교수는 자원봉사자들을 뽑아 실험 그룹을 만들고 그들에게 일주일 동안 세 가지 말과 행동에 집중토록 했다. 그 세 가지 종류의 말과 행동은 다음과 같다.

첫째는 기분 나쁜 일, 둘째는 감사할 일, 셋째는 일상적인 일이었다. 실험 참가자들은 일주일 동안 지시한 사항에 충실하게 행동했다. 그들의 심리를 분석한 결과, 예상했듯이 감사하는 태도에 주력한 사람들이 자신의 일에 가장 행복감을 크게 느낀 것으로 나타났다.

평소 유대인 역사 연구에 관심을 갖고 있는 나는. 그들은 어떻게 오랜 유대 전통을 지키었고 세계에서 가장 스마트하며 뛰어난 민족으로 평가받을 수 있었는가?를 살펴보았다. 그들의 비밀 중 하나가 아침에 일어나면 하루의 첫 말을 감사와 기쁨을 표현하는 말로 시작한다는 것이었다. 이를 테면 "제 영혼을 제게 돌려주신 것에 대해 살아 숨 쉬는 영원한 왕이신 하나님께 감사드립니다." 남들은 아무렇지 않은 평범하고 당연한 아침을 그들은 오늘도 새 생명을 주신 신께 깊이 감사 기도를 첫 번째 말로 삼는 것이었다.

이처럼 우리들도 하루의 첫 말을 나에게 새로운 날을 주신 것에 감사함으로 시작해 보자. 어쩌면 하늘에 닿은 감사함을 들으신 신께서 행복과 건강을 더해 주실 것으로 믿는다.

일본의 경영의 신으로 불리는 이나모리 가즈오는 항상 현재의 삼라만상에 감사했다고 한다. 감사할 수 없는 상황이 오면 '그냥 한 번 속았다' 생각하고 항상 감사하며 살았다.

나는 여기서 중요한 행복 원리를 찾았다. 일상의 삶에서 문제가 생기면 속았다 생각하고 더 감사하는 것이다. 한 번 속았다고 해서 뭐 문제가 되겠는가? 알고도 속아주자. 감사는 알면서도 속아주는 것이다. 분명 감사함의 다음에는 행운의 기회가 찾아들 거다.

365 감사거리 찾기

인도의 시인 타고르는 "감사의 분량이 곧 행복의 분량"이라고 했다. 영국의 철학자 버트란드 러셀은 "진정으로 행복하기를 원한다면 탐심과 이기심을 버리고 감사하라"고 말했다.

이처럼 범사에 어떤 경우든 감사하면 모든 일이 잘 풀리고 삶의 지경이 넓혀진다. 무엇보다도 행복감이 증진된다.

어떤 사람은 아무리 찾아도 감사거리가 없다고 말한다. 이는 무엇을 감사해야 할지를 깨닫지 못했고, 이미 소유한 감사거리가 있음을 모르기 때문이다. 감사를 방해하는 요인 중 하나가 '당연히 여기는 마음'이다. 예를 들어, 아침에 심장마비로 죽지 않고 건강한 몸으로 잠에서 일어난 것에도 감사할 일인 데, 우리는 매우 당연하게 생각한다. 또 매일 삼시세끼를 먹을 수 있음에도 별로 감사하지 않는다. 유니세프에 따르면 매일 2만 2천명의 인구가 기아로 사망한다고 한다. 또 매일 아름다운 풍경을 보면서도 그것을 당연한 것으로 여긴다. 하지만 앞을 보지 못하는 분들은 우리가 매일 보는 풍경을 보는 것이 평생의 소원인 것이다.

생각해보면 우리가 당연하다고 여기던 것들이 얼마나 큰 감사의 제목인지 감사할 뿐이다. 그렇고 보니 감사거리가 너무도 많았다.

아래에 지금 감사거리 3가지만 적어보자.

1) '감사 책을 읽을 수 있어 감사하다'

2) ______________________________

3) ______________________________

" 불평하는 것은
망하는 연습을 하는 것이고
감사하는 것은
성공하는 연습을 하는 것이다. "

보물 찾기

일찍이 나는 감사한 사회적 관계 만들기 일환으로 '356감사 노트(오늘도 열심히 살아줘서 감사합니다(정병태, 한덤북스)'를 만들어 감사 나눔을 실천하고 있다. 이유인즉 감사 실천은 행복한 개인과 건강한 사회를 만든다는 것을 잘 알고 있었기 때문이다.

실로 감사를 실천하고 감사한 것을 마음에 새기면 여유가 생기어 넓은 여백이 만들어진다. 또 혼자서도 잘 웃고 잘 말하게 된다. 그리고 일상의 작은 것조차 감사하게 된다. 무엇보다 삶이 그냥 행복하다. 돈이 없는데도 먼저 밥이나 커피를 쏜다(내가 돈을 내어 산다). 매일 쏠 수 있는 기회를 만들기 위해 살핀다. 오늘은 누구에게 감사하며 쏠 것인가에 생각하고 기대한다. 앞으로 한 달만이라도 '365 감사노트'에 감사거리를 찾아 적고 나누어보라.

이제 아침에 눈을 뜨면 보물을 찾듯 감사거리를 찾아보자. 잠자리에 들기 전, 점심시간에도, 누군가를 만나서, 자투리 시간에조차 감사에 초점을 맞추면 감사거리를 찾게 된다. 이는 매일 평생 반복되어야 한다. 감사의 삶은 일상생활 속에 숨은 보물을 줍는 일이다. 그래서 순간 감사거리를 찾으면 하루의 일상이 더욱 풍성해지고 행복하다. 마치 보물을 줍듯이 말이다.

일상의 감사거리 찾기는 우선 자신의 몸과 마음 상태에서 찾는다. 그리고 일상의 상황에서 찾아보자, 의외로 가장 가까운 곳에 숨겨진 보물들이 많다. 내가 당연하다고 생각했던 것들이 어떤 사람에게는 천금을 주고도 살 수 없는 것일지도 모른다. 주의해야 할 것으로는 감사를 방해하는 비교, 열등, 욕심과는 이별을 해야 한다.

이제 감사거리를 찾는데 최선을 다하자. 그리고 감사노트에 꾹꾹 눌러 적는다. 곧 적은 대로 감사한 일들이 일어날 것이다. 달라진 삶을 경험하게 된다.

"나의 삶을 감사합니다"

실전 활용 오늘 감사거리 찾아 적기

1) 나의 삶에 멘토가 있어 감사합니다.

2) 건강한 몸을 주셔서 고맙다.

3) 월급 갖다 줘서 감사해요.

1) 음식 안 가리고 맛있게 먹어줘서 감사해.

2) 칭찬해줘서 감사해요.

3) 늘 웃어주어 감사해요.

1) 만나는 사람마다 감사하고,

2) 하는 일마다 감사하고,

3) 순간순간 감사합니다.

오늘은 내가 쏜다

커피 한 잔의 기적

참으로 당신이 부유하게 되고 행복과 건강의 비밀을 알려줄 수 있어 너무 기쁘다. 또한 지금 이 글을 쓰는 순간, 인생을 그윽한 향기로 진동케 하는 감사의 힘이 얼마나 위대한지를 나눌 수 있어 정말 기쁘다.

내 입에 달고 있는 영어 한마디가 있다. "I'll treat you today(아이 윌 트릿 유 투데이)"이다. 이는 '오늘 내가 밥과 커피를 쏜다'는 의미 정도로 해석한다. 여기서 '트릿(treat)'이라는 단어는 커피나 식사를 쏘는 것을 뛰어넘어 '치료하다'는 힘을 가지고 있다.

그렇다. 기쁘게 밥을 사고 커피를 쏘면 만남과 대화가 행복해지게 되고 치유라는 기적이 일어날 수도 있다. 어쩌면 기쁘게 커피 한 잔을 쏜다는 것은 만고의 성공 비밀일 수도 하다.

그러니 앞으로 의미가 부여된 만남에서 그저 즐거운 마음으로 저렴하더라도 커피 한 잔을 쏘면 기적의 진동으로 작동할 수도 있고 큰 힐링으로 작용할 것이다. 나에게 우연한 만남이었지만 세심한 배려가 큰 감동이 되었던 적이 한두 번이 아니었기 때문이다. 만남에서 작은 관심이 내 삶에 행복으로 작용되었다. 그러므로 종종 '아윌 트릿 유 투데이'를 실천해 보자. 그것은 꽤나 뜻밖의 기분 좋은 결과들을 가져온다.

사실은 나에게 그런 식사와 커피를 쏠 수 있는 순간과 대상이 있음이 감사하다. 커피를 쏠 수 있는 기회가 주어질 때 정말 행복하다. 그런데 누군가를 위해 기쁘게 커피를 쏘는 것조차 훈련과 반복적 실천이 필요하다. 무엇이든 기적은 실천을 통해 이루어진다.

잘 생각해 보면 설레는 하루하루다.

사실 하루하루의 삶에는 기적의 환경들이 수두룩하다. 감사할 거리가 없는 것이 아니라 하루의 순간을 당연하게 여기는 것이 문제다. 다시 살펴 보고 감사의 영역으로 가져오자. 그리고 기쁜 마음으로 커피 한 잔이지만 내가 쏜다.

지금, 오늘도, 내일에도 커피 한 잔 먼저 쏠 수 있는 기회를 찾는다. 그래서 만고의 성공은 감사하여 먼저 주는 것이다. 먼저 쏘는 사람들은 한결같이 좋은 결과를 가져오기 때문이다.

집이나 사무실에 있는 커피나 차로도 따뜻하게 먼저 쏘는 삶이 되기를 바란다.

성공의 진짜 비결

한 기자가 세계 최고의 부자로 알려진 빌 게이츠에게 성공의 진짜 비결을 물었다고 한다. 그는 한마디로 '긍정의 감사하는 마음가짐'이라고 대답했다. 그래서인지 크게 성공한 부자들의 공통적 특징은 감사할 줄 아는 사람들이었다.

세계적 기업 마쓰시다 전기를 창업한 마쓰시다 고노스케는 자전거 점포 점원으로 시작했다. 기업인으로 크게 성공한 요인을 묻는 사람들에게 이렇게 대답했다.

> **"나는 감사할 조건을 가지고 살아왔습니다. 시련은 선물이고, 위기는 기회였습니다. 항상 거꾸로 생각해보는 것, 그리고 모든 일에 감사했던 것이 오늘을 온전히 행복하게 살아갈 수 있었던 비결이었습니다."**

한마디로 마쓰시다 고노스케는 매사에 감사하는 태도가 미래로 나아가는 동력이 되었다는 것이다.

영어 '감사(gratitude)'라는 말은 라틴어 어원에서 나왔다. 이는 '기쁘게 해 준다'는 의미를 갖고 있다. 늘 감사할 줄 아는 사람은 매사에 긍정적이며 현재를 소중하게 여길 줄 안다. 우연한 만남조차도 소중한 기회로 보고 매우 귀하게 여긴다. 사실 성공의 첫 걸음은 감사하는 마음가짐으로 시작된다.

어느 한 사람이 힘이 세고 부강한 미국의 힘이 어디서 나오는지를 연구했다고 한다. 그 연구 보고의 결론을 보니, 미국의 힘은 다름 아닌 말에 있었다는 것을 발견해냈다. 대체로 미국인들은 말을 할 때마다 입에 달고 사용하는 말이 "Thank you"를 반복한다. 일상의 삶이 감사이다.

프랑스의 군인이자 황제가 되었던 나폴레옹은 전쟁 병사들의 동기부여를 위해서 쇳조각을 예쁘게 만들어 훈장이라는 것을 창안했다. 전공을 세운 병사들을 세워놓고 가슴에 달아주면서 "이 훈장은 나폴레옹과 함께 프랑스를 위해 싸운 명예의 상징일세, 자손 대대로 물려줄 가보로 삼게. 자네는 프랑스의 영광이고 자랑이네."라며 의욕을 고취시켜 주었다. 그 결과 병사들은 전쟁터에서 목숨을 걸고 치열하게 싸웠다. 이것이 나폴레옹의 군대가 승승장구할 수 있었던 요인이었다.

인생을 살다보면 오르막길이 있는가 하면 내리막길도 있다. 성공하는 사람들은 오르막길이든 내리막길에서 반드시 감사함으로 쉼을 갖는다.

여러분도 부디 큰 행복과 성공을 누리고 싶다면 인생의 여정에서 감사의 쉼을 갖고 나아가도록 해야 한다. 그야말로 범사에 감사함이 이기는 삶이기 때문이다. 지금 차근차근 헤아려 내게 있는 것에 감사하자, 감사한 마음으로 노력하고는 기다려보자. 곧 풍성함으로 채워질 것이다.

감사가 누릴 영역 열어주기

세상에서 가장 지혜로운 사람은 배우는 사람이고,
세계에서 가장 행복한 사람은 감사하며 사는 사람이다.
_ 탈무드

걱정거리 날려 보내기

노벨 평화상을 받았고 철학자로 그리고 선교사로 활동했던 앨버트 슈바이처가 말하기를 "당신에게 일어난 그 무엇도 당연한 것은 없다." 그러면서 그는 삶의 신비가 '감사'라고 했다.

실로 감사하는 마음을 가지면 감사할 일들이 더더욱 생긴다. 감사할수록 건강도, 사업도, 관계도 더 좋은 결과로 빨리 찾아오고 걱정거리는 줄어든다. 반대로 감사하지 않을수록 걱정거리는 쌓여지고 성공의 기회가 늦어진다. 여러 일이 꼬이기도 한다.

앨버트 슈바이처 박사는 주의를 주고자 "감사를 표현하는 말이나 행동을 하면서 머뭇거리지 않도록 스스로를 길들여라"라고 말했다. 그는 감사가 우리를 원하는 곳에 한층 더 가까이 데려다준다는 것을 알고 있었다. 또한 걱정하며 보내는 시간을 줄여준다고. 그런데 감사는 실천하는 것이 중요하다. 만약 머릿속에 걱정과 스트레스가 꽉 차 있다면 이를 감사의 생각으로 바꾸도록 노력해야 한다. 그렇기 위해서는 지금 바로 감사해야 할 항목들에 대한 목록을 만들어보자. 그래야 매일 삶에서 감사를 실천할 수 있다.

이제 감사의 마음가짐을 갖고 자신의 걱정거리를 찬찬히 살펴보자. 어떤 것들이 있는지? 막연하게 생각하고 포기해 버린 것들을 꺼내어 적어보는 것은 정말 대단한 시작이다. 그것이 무엇인지 알아야 해결책도 나올 수 있다. 걱정거리를 찾아 내 나열해 놓고 해결방안을 찾아보자.

다음으로 감사한 마음을 갖고 큰 돈은 없지만 '오늘 내가 한 턱 쏜다'는 마음으로 작은 것이지만 실천할 감사거리를 찾아보는 것이다. 나를 둘러싼 환경과 주변 사람들, 날씨와 상황들, 그리고 만남, 관계, 가족, 직장, 또 취미의 상황까지도 말이다.

그리고는 한 달만이라도 즐겁게 감사적기를 실천해 보라, 행복이 더해지고 달라진 삶을 누리는 좋은 경험을 갖게 된다. 감사가 위대한 선물이라는 것을 재발견하게 될 것이다.

결국 감사하면 할수록 감사할 이유가 더 많이 생긴다. 감사할 줄 모르면 더 이상 감사할 기회가 생기지 않는다. 감사는 좋은 인생으로 바꾸어 준다. 그러나 감사가 없으면 좋은 기회가 거기서 멈추는 것이다. 하지만 감사할 줄 아는 사람에게는 더 감사할 기회가 연이어 주어진다. 감사가 새롭게 누릴 영역을 열어주기 때문이다.

그래서 감사하다가 성공해 버린다.

오늘 감사했습니다.

1. 스마트폰이 정지되지 않았고 계속 쓸 수 있어.
2. 쾌적하고 편안한 커피숍을 알고 있어.
3. 독서와 글쓰기를 할 수 있어.
4. 친구들을 위해 기도할 수 있어.
5. 군 장병들과 독서 나눔을 할 수 있어.

Thank
You

THANK YOU

5
말끝마다 땡큐 붙이기

"감사해요. 그리고 사랑해요.
그리고 한 시간 후에 봐요."

감사 박사님

감사는
위대한 교양의 열매다
야비한 사람에게서는
그것을 발견할 수 없으리라
_ 사무엘 존슨

이 그림을 그려준 예쁜 이세진 사모는 학부 동기다. 그때도 나의 이야기를 학보에 실어주었다. 나에게 소중하고 늘 감사한 동기라서 참 행복하다. 그녀는 그림도 잘 그리고 글은 작가 수준이다.

중요감 세워주기

넌 소중한 존재다

전 세계 어느 나라, 어느 민족이든지 어린 아이가 태어나서 말을 배울 때쯤 되면 '엄마, 아빠'라는 말 다음에 가르치는 말이 '감사합니다(Thank you)'라고 한다. 중국어는 '쉐쉐'이고, 일본어는 '아리가토'이며 베트남어는 '깜언'이다.

어린이 동화이야기에 보면 이런 우스개 이야기가 있다.

어느 날, 해가 진 어둡고 캄캄한 시간에 한 사람이 숲속을 지나고 있었다. 그런데 갑자기 앞에 며칠 굶은 커다란 곰과 마주서게 되었다.

그 사람은 '이제 죽었구나!' 생각하고 어찌할 바를 몰라 기도하기 시작했다. "하나님 살려주세요. 제발 저를 좀 살려주세요!"

그런데 곰도 똑같이 하나님께 기도를 드렸다.

"오 하나님! 오늘도 저에게 일용할 양식을 주셔서 감사합니다!"

하나님은 어느 기도를 들어주셨을까?

불쌍한 사람의 기도였을까, 감사한 곰의 기도였을까?

그것은 상상에 맡기겠다.

하버드 대학교에 '행복학' 강의를 개설한 탈 벤 샤하르 교수는 그의 책 <해피어>에서 "무슨 일이 일어나든 감사하는 법을 배웠을 때, 기회가 오고 인간관계가 개선되고 심지어 인생의 풍요로움이 내게 다가왔다"고 말했다. 즉 행복학 강의의 핵심은 내가 가지고 있는 것들에 감사하라는 것이다.

어느 설문조사에서는 한 직원이 남들이 부러워하는 회사를 들어가서 얼마 안 되어 미련 없이 퇴사를 했다. 그 퇴사한 이유를 이렇게 말해 큰 충격을 주었다. 그것은 직원들에게 칭찬과 감사의 모습이 너무 없어서였다. 또 다른 조사에서 회사 직원들이 제일 받고 싶은 것 1위가 칭찬과 감사의 말을 듣는 것이었다고 한다.

그렇다면 가장 행복한 순간은 언제일까? …고맙고 감동받고 알아주었을 때가 아니었을까? 그렇게 행복한 순간은 언제나 감사와 연결이 되어있다. 그러므로 수시로 중요감을 세워 줄 필요가 있다. 예를 들어 "프로그램 전문가이신 홍길동 대리님과 일할 수 있어 행복하고 감사합니다."

이처럼 중요감은 자신이 인정받고 존중받는다고 느끼는 감정이다. 이곳에 자신이 꼭 필요하고 중요한 존재로 느끼는 것이다.

'귀하신 분을 알게 되어 기쁩니다' '덕분에 감사합니다' '함께 일하게 되어 행복합니다'라는 말을 자주 할수록 중요감이 커져 자존감이 향상하게 된다. 또한 진심으로 감사 할수록 조직은 결속하여 매출이 늘어나는 성과를 낸다. 참 놀라운 원리이다. 단지 중요감을 느낄 수 있는 말을 더 자주 했을 뿐인데 과거보다 더 성과를 낸다.

먼저 감사 태도 건네기

행복은 감사하는 사람의 것이다

_ 아리스토텔레스

우리는 매일 다양한 사람들과 소통을 하며 산다. 거기에는 화려한 말솜씨보다 언행(言行)이 더 중요하게 작용한다. 언행일치는 누구에게나 중요하다. 그래서 언품을 갖춘 사람의 곱고 예쁜 말은 타고난 재능보다 더 큰 능력을 발휘한다.

관계의 위력적 환경을 만들려면 사람에게 가까이 다가가 말을 건네야 한다. "안녕하세요!"하고 먼저 감사 인사를 선수쳐야한다. 딱히 용건이 없어도 누군가와 마주치면 먼저 미소 짓고 진심으로 감사 인사를 건넨다. 이를 테면 아래와 같은 인사 문구를 나눈다.

"좋은 아침입니다" "오늘 춥다고하니 따뜻하게 보내세요" "오늘 입으신 옷이 참 예쁘네요" "좋은 하루 되세요" "잘 지내셨어요" "오늘은 더 젊게 보이세요!" "보고 싶었습니다" "인사드리려고 왔어요, 정말 반갑습니다." "몇 층에서 근무하세요?" 등등

사실 미소를 머금고 다가가 인사를 습관적으로 하는 사람들을 보면 행복해 보인다. 그래서 우리는 먼저 인사하고 미소 지으려고 노력

해야 한다. 반갑게 다가가 '만나서 정말 행복하며 고맙고 감사하다'는 호의적인 인사를 나눈다. 왜냐하면 나에게 인사를 건네고 미소를 지을 수 있는 기회를 주었기 때문이다. 설령 싫은 사람과 마주치더라도 먼저 감사 인사와 함께 웃어 보인다. 그러고 나면 마음이 자유롭고 행복해진다. 분위기는 좀 더 호의적이고 긍정적으로 바뀐다. 그래서 매일 주어지는 평범하고 소소한 일들에도 감사 마음을 전한다.

마지막 순간이 찾아온 사람들의 대부분은 특별한 말이 아닌 "감사합니다"라는 말을 한다. 그것은 삶을 마감하는 순간에도 죽음의 두려움과 고통을 극복하는 힘을 주기 때문이다. 어떤 경우든, 절망적인 어려운 상황에서도 감사하는 마음을 잃지 않는 것이 중요하다.

결국 감사하는 마음가짐이 우리의 성공과 행복, 그리고 건강에 큰 영향을 미친다. 기억하라, 먼저 감사 태도를 건네는 것도 능력이다. 때론 기적을 만든다.

감사에 컬러 입히기

어느 학생의 고민

학 생 : 제가 꿈이 있는 데요…

선생님 : 그래~ 니 꿈이 뭐냐

학 생 : 제 꿈이 재벌2세 이거든요…

선생님 : 그런데~?

학 생 : 아빠가 노력을 안 해요.

컬러로 감사하기

평상시 범사에 진심으로 감사하며 살아가는 태도, 즉 감사하는 마음은 우리의 생활을 올곧게 만들어주는 힘을 가지고 있다. 그래서 나는 말끝마다 입에 붙여 말하곤 한다. “정말 감사합니다” “고맙습니다” “정말 수고하셨습니다” 택시나 버스를 타고 내릴 때, 식당이나 매장에서도 “감사합니다”며 인사를 나눈다. 아주 작고 사소한 일에도 “감사합니다” 인사를 건넨다.

그런데 감사를 표현할 때 컬러로 입혀 말하는 것이 훨씬 좋다. 그 컬러로는 밝은 미소, 반가움의 인사나 악수, 친근감 있는 칭찬과 푸근한 포옹, 그리고 맞이함과 배웅을 진심으로 표현한다.

이처럼 감사에 입힌 컬러는 충분히 감정을 만들 힘을 가지고 있다. 기억하자, 감사는 신이 인간에게 준 가장 소중한 선물이기 때문이다. 그래서 고마운 마음을 담아 감사로 전할 수 있다는 것만으로도 행복이다.

늘 감사할 줄 아는 마음

미국의 보스턴 의대 신경과 마지 리 실버 교수팀은 "100세가 넘게 장수 하는 사람들은 힘든 상황에서도 긍정적인 사고와 유머감각을 잃지 않는 등 정신적인 측면에서의 공통점이 많다"는 연구 결과를 발표했다. 그렇다. 긍정적 사고가 감사함을 만들어내는 원료이다.

최고의 뉴스였다. 어쩌면 이미 다 알고 있는 뉴스일 수도 있다. 한 번 더 SBS 토요일(2018.2.3) 저녁 8시 메인 뉴스에서 감사의 힘을 의학적으로 증명해 주었다. 즉 감사하는 마음이 뇌도 삶도 바꾼다는 의학적 내용이었다. 당연 감사하는 마음을 갖고 살면 행복해지고 힐링된다는 것을 다 안다. 그런데 많은 사람들이 실제로 그렇게 실천하지 못한다는 것이 문제이다.

한 기자가 대학 연구팀을 취재한 실험 내용이다.

한 엄마가 내게 해주셨던 여러 가지 고마운 일들을 하나하나 생각하면서 30대 직장인에게 어머니에 대한 고마움을 떠올리게 하는 메시지를 5분 동안 들려줬다. 그 결과 그들의 심장박동이 안정적인 파형을 그리고 표정은 편안해졌다. 반면 다른 실험 대상에게, 잠시 뒤 자책하고 원망하는 메시지를 들려줬다. 결과 그들의 표정은 서서히 굳어졌다. 일부는 심각해졌다.

실험을 통해 알 수 있었다. 누군가를 탓하고 원망하기보다 늘 감사하는 마음을 가지려고 애쓰며 나누면, 우리 뇌가 젊게 변하고 행복한 삶으로 바뀌어 진다. 또 한 방송 리포트에서 우리나라 최장수 마을에 대한 소개가 있었다. 전북 순창군 구리면 방하리에는 그곳 주민들 중에 100세 할머니가 10명이나 살고 있다. 그 마을에 106살 할머니가 최장수 할머니인데, 며느리가 81살이라고 한다. 그래서 외국인 기자들이 이 마을의 장수 원인이 무엇인가 조사했다고 한다. 장수 요인은 특별한 것이 아니라 평범한 일상의 생활에 답이 있었다.

이 마을 사람들은 어른을 모시고 사는 따뜻한 마음과 작은 것에도 감사하는 마음이 있었기 때문이었다. 늘 밝고 긍정적인 것과 감사할 줄 아는 마음이 큰 이유라고 한다.

SBS 8시 뉴스의 감사 방송

방송 아나운서는 뇌 이미지를 보여주면서 감사하는 마음이 '뇌'도 '삶'도 바꾼다며 확실히 감사하는 마음이 행복과 건강의 핵심 요인이라고 전했다.

SBS 토요일(2018.2.3) 저녁 8시 메인 뉴스에서 감사의 힘(이미지 출처)

감사하는 마음이
'뇌'도 '삶'도 바꾼다

하늘땅 보고 감사

세상에서 가장 지혜로운 사람은 배우는 사람이고
세상에서 가장 행복한 사람은 감사하며 사는 사람이다.
_ 탈무드

감사로 기적을

유명한 남아프리카공화국의 넬슨 만델라 흑인 대통령(Mandela, 1918-2013)은 감사함의 태도로 많은 사람들에게 큰 감동을 주었다. 그가 백인 정적들에 의해서 붙잡혀 감옥에서만 26년간 갇혀 있었다. 감옥에서 나오고 난 다음 대통령으로 출마해서 남아프리카공화국의 최초 흑인 대통령이 되었다. 사람들은 그가 정적들의 원수를 갚을 줄 알았다. 하지만 대통령이 된 넬슨 만델라는 원수를 갚지 않고 백인들과 함께 희망을 갖고 살자며 용서를 했다. 그는 감옥에서 나오던 당시 들어갈 때 보다 더욱 건강한 모습이었고, 밝고 온화한 미소를 지으며 걸어 나와 사람들을 깜짝 놀라게 했다.

"어떻게 그렇게 행복할 수 있었느냐?"라는 주위의 질문에 그는 이렇게 대답했다.

> “저는 감옥에서 항상 감사를 드렸습니다. 감옥에 들어가서 하늘이 보이면 하늘을 보고 감사했고, 땅이 보이면 땅을 보고 감사를 드렸습니다. 강제 노동을 시키면 일할 수 있는 건강을 주신 하나님께 감사했으며, 독방에 가두면 생각할 수 있는 시간을 주신 것에 감사했습니다. 저는 늘 희망을 믿고 하루하루를 감사드렸습니다.”

우리도 창문 밖 하늘을 보고 감사, 땅을 보고도 감사할 수 있는 심장을 갖자. 평범한 일상에서 감사거리를 찾아 누릴 때 삶의 행복은 더해진다. 따라서 평상시 감사하는 마음은 어려운 일이 닥쳤을 때 문제를 해결하고 위기를 극복하는 능력으로 작용한다. 그러니 모두 다 감사하자, 오늘부터 하늘땅을 보고도 감사하며 살자.

감사는 기적을 만든다.

감사가 만든 도스토예프스키

바실리 페로프가 그린 표도르 도스토엡스키 초상화. 1872년작

유명한 문학작품 '죄와 벌' '카라마조프가의 형제들' '백치' '악령' 하면 러시아의 대문호이자 세계적인 작가 도스토예프스키(1821-1881)가 떠오른다. 그런데 이 명작들은 자신의 삶에 벌어지는 역경 속에서 감사함으로 만들어졌다고 한다.

다 알고 있듯이 그의 삶은 어릴 때부터 고통의 연속이었다. 그의 아버지가 살해당해 고아로 자랐고 청년 시절에 혁명당 활동을 하다가 러시아 황제에게 잡혀서 사형 선고를 받고 시베리아 수용소로 끌려가서 말로 다할 수 없는 고통의 시절을 보냈다. 그리고 시베리아에서 해방되고 나온 다음 결혼했는데, 얼마 되지 아니하여 아내가 병들어 죽었다. 천신만고를 겪고 재혼을 하여 첫아이를 낳았는데 역시 아이가 병들어 죽었다. 설상가상으로 자신도 간질병에 걸려 평생을 고통당하며 살았다. 그러나 그는 자신의 질병을 '거룩한 병'이라 불렀으며 원망하지 않았다. 대신 도스토예프스키는 자신의 삶에 벌어지는 모든 일에 감사했다. 그는 감사를 안 하고는 정신적으로 견딜 수가 없었기 때문에 감사를 통해서 그 어려운 시간을 버틸 수 있었다. 그리고 그 고통 속에서 적은 글들이 오늘 역사에 남아 있는 불후의 명작들이 되어 여전히 세계 사람들에게 큰 감동을 주고 있다.

보다시피 환경과 고통이 도스토예프스키를 파멸시킨 것은 아니었다. 그는 시련가운데 오히려 감사했기에 삶을 기적으로 바꾸었고 자신의 소망을 이룰 수 있었다. 찾아든 역경과 고통을 좋은 기회로 삼아서 감사함으로 승리할 수 있는 발판을 만들었다. 그의 감사가 기적을 만든 것이다.

자, 우리도 삶의 현장에서 감사함을 곧바로 써 보자.

결국 감사는 여러 어려움과 문제를 극복하고 더 나은 결과를 만든다. 특히 행복과 건강의 핵심 요인이 된다.

THANK YOU

6

궁정 감사 실험의 재발견

나는 당신을 만나 행복합니다.

감사 실험 이야기

감사는 최고의 항암제요 해독제요 방부제다.

_ 존 헨리

감사의 위력

한 농부가 타작을 하면서 "금년 채소 농사는 완전히 망했다"며 불평하였다. 그때 옆에 있던 친구가 "자네 감자 농사도 망했나?"며 물었다. 그러자 "아니야, 잘됐지!"라고 농부는 답했다. 그러자 친구가 "벼 농사는?"이라고 물었다. 농부는 "풍년이지!"라고 말했다. 친구는 다시 "옥수수 농사는?"이라고 물었고, 농부는 "옥수수 농사도 잘 되었지!" 라고 말했다.

친구는 단호하게 말했다. "그러면 왜 자네는 잘된 감자농사, 벼농사, 옥수수 농사는 감사하지 아니하고 한 가지 안 된 채소 농사만 가지고 원망하고 불평하는가?"

이 말을 들은 농부는 생각을 바꾸고 감사하기로 결심을 하고는 표정부터 밝게 바꾸었다. 그렇다. 좋은 것에 눈을 돌리고 잘 된 것에 감사하자. 평소에 감사의 마음가짐이 중요하다. 그리고 감사가 습관이 되어야 상황에 맞게 감사를 표현하게 된다.

뇌 분비학자 한스 셀리 박사는 실험을 통해서 동물들에게도 스트레스를 주면 위궤양이 나타남을 관찰하였다. 동물들도 놀라거나 우울하거나 불쾌하면 자율신경계의 교감신경이 흥분하여 침분비를 감소시키고 위의 내벽에 염산과 여러 효소들의 분비를 증가시킨다. 위장의 운동은 더욱 감소시켜 소화가 안 되고 속이 더부룩해지는 것이다.

실험 결과 스트레스가 반복적으로 지속되면 염산 등의 소화액이 분비되면서 혈류가 감소하기 때문에 위벽이 손상되어 위궤양이 발생한다고 하였다.

스트레스 연구가로 유명한 한스 셀리(hans seyle-내분비학자) 박사는 오스트리아-헝가리 제국의 수도이던 빈에서 태어났다. 그는 1958년 스트레스 연구로 노벨 의학상을 받았다. 그는 고별 강연을 하버드대학에서 하게되었다. 강연 중 학생 한 명이 질문을 하였다.

"선생님, 우리가 스트레스 홍수 시대를 살아야 하는데 스트레스를 해소할 수 있는 비결을 딱 한 가지로 요약해 주십시오." 한스 셀리 교수는 한마디로 "어프리시에이션!(Appreciation!)"라고 대답했다. 즉 감사가 강력한 스트레스 정화제라는 것이다. 감사하는 마음에는 스트레스가 쌓여 있을 수 없다고 한다. 감사 실천은 세로토닌 호르몬이 펑펑 쏟아지기 때문이다.

재밌는 감사실험

스위스 철학자 칼 힐티(Carl Hilty, 1833-1909)는 '행복론'에서 행복의 첫 번째 조건으로 '감사'를 꼽았다. 행복해서 감사드리는 것이 아니라 감사드리기에 행복해진다는 이유이다. 유대인의 지혜서 탈무드(Talmud)에도 세상에서 가장 행복한 사람은 범사에 감사하는 사람이라고 가르친다.

미국 텍사스 주 댈러스에 살고 있는 맥클러 박사가 재밌는 실험을 했다. 200명을 두 팀으로 나눠 각 팀마다 다른 과제를 주었다.

A팀에게는 오늘 일어 난 일 중 기분 나빴던 일들을 모두 적으라고 했다. 반면 B팀에게는 오늘 일어난 일 중 감사했던 일들을 모두 적으라고 했다.

이 실험은 3주 동안 계속되었다. 3주가 지난 후, B팀의 참가자들은 3주 동안 매우 행복했다고 말했다. 그리고 스트레스를 거의 받은 적이 없었다. 그러나 A팀의 결과는 달랐다. 참가자들은 다른 때보다 더 많이 친구와 다투었고 분열되었다. 그리고 스트레스를 많이 받았고 얼굴 표정은 몹시 어두웠다.

위 실험의 결과를 통해서도 알 수 있듯이, 감사하는 마음을 가진 사람들은 그렇지 않은 사람들보다 더 행복하다는 것을 알 수 있다.

우리도 실험에 참여해 보자, 아래에 최근 기분 나빴던 일과 감사했던 일들을 3가지만 적어보자. 그리고 매일 3가지 이상 감사일기를 적는다.

나빴던 일	감사했던 일
1. 2. 3.	1. 2. 3.

감사거리 적기

1.

2.

3.

특별한 실험

옛 속담에 '구름 너머에는 햇살이 빛나고 있다'라는 말이 있다. 긍정의 감사는 거칠어진 생각과 감정들을 가다듬고 새로운 가능성에 눈을 돌리도록 영향을 준다. 하버드대학교 협상연구소에서는 흥미있는 특별한 실험을 했는데, 신혼부부의 대화를 분석하면 그들이 이혼할 것인지 아닌지를 알아낼 수 있다는 것이었다.

실험은 간단했다. 신혼부부 몇 쌍에게 최근에 함께 겪었던 갈등에 대해 몇 분간 얘기해달라고 한 뒤, 그 부부의 대화를 면밀히 분석했다. 결과는 꽤나 놀라웠다. 분석을 시작한지 1분도 안되어 신혼부부의 결혼생활 모습과 미래를 예측할 수 있었다. 계속하여 행복한 결혼을 유지하고 있던 신혼부부들의 대화는 감사, 배려, 수용의 대화가 숫자로 '5'였다면, 원망, 불평, 부정의 언어가 '1'정도의 비율이었다. 반면에 이혼한 부부의 대화는 원망, 불평, 부정의 숫자가 '5'를 보여주었다고 한다.

물론 온전히 부정적인 말을 하지 않고 항상 감사의 대화만을 하며 사는 것이 쉬운 것은 아니다. 그러나 부정적인 말을 하더라도 순화하여 화를 내지 않으며 갈등까지 가지 않아야 한다. 대신 감사와 배려로 부드럽게 수용하고 인정해주는 것은 큰 차이를 만들어낸다는 것을 전하고자 함이다.

감사의 기적

론다 번이 쓴 <secret(비밀)> 책에는 아름답고 감동적인 이야기가 있다. 유방암 진단을 받은 케이시 굿맨은 유방암 진단을 받았지만 날마다 절대 긍정의 생각을 말했다.

"고쳐주셔서 감사합니다."

아직 낫지 않았지만 계속해서 "내 몸에는 암이 전혀 없다."

아직도 암이 그대로 있었지만 "유방암이 낫게 되어 감사해요."

그런데 놀랍게도 감사하였더니 유방암이 깨끗하게 치유되었다.

또 한 사람의 이야기는 불치병 진단을 받은 노먼 커즌스의 이야기다. 의사들은 진단 결과 노먼에게 몇 달밖에 살지 못할 거라고 말했다. 하지만 그는 긍정적 삶을 살기로 결심하고는 오직 웃기는 영화를 보면서 웃고 또 웃었다. 웃음과 감사하며 즐겁게 생활했다. 웃음과 감사의 말을 입에 달고 살았다. 그렇게 석 달이 지나자 병이 나았다. 담당 의사들은 말하기를 '감사의 기적'이라고 말했다.

실로 감사의 생각과 말은 상황을 바꾸고 치유하는 힘이 있다. 그런데 감사의 기적을 발휘하려면 믿음의 확신을 가져야 한다. 재차 강조하여 말하지만 긍정의 생각을 갖고 감사의 표현을 해야한다.

이를 테면 "나는 늙지 않고 젊어진다." "내 피부는 여전히 곱고 깨끗하다." "나는 매일 에너지가 넘친다." "나는 건강하고 행복하다." "우리 회사의 매출은 오를 것이다." "하는 일마다 정말 잘 된다." "취업이 뜻대로 될 것이다." "신은 언제나 내편이다." 등등.

여러분도 감사의 기적을 경험하고자 한다면 평상시 감사하는 마음을 갖고 긍정의 말을 사용하는 것이 중요하다. 배려를 바탕에 두고 되도록 상대방의 말을 잘 듣도록 노력 한다. 자신의 생각에 맞지 않는 것이라도 우선은 상대방을 존중해줘야 한다. 따뜻한 눈빛과 표정으로 감사 마음을 전할 수 있어야 한다.

감사 실험의 재발견

실험다큐 '말의 힘' 실험

2009년 MBC 한글날 방송에서 쌀밥을 각각의 병에 담아서 4주 동안 각각의 병에 좋은 말과 나쁜 말을 들려주었다. 각각의 병속 쌀밥에 어떤 변화가 일어나는지를 관찰하기 위함이었다.(고맙습니다 : 짜증나!)

(출처 한글날 특집 MBC 방송)

한 달 후 실험결과는 어땠을까?

좋은 말 : '고맙습니다' 밥은 구수한 누룩향이 나는 곰팡이.

나쁜 말 : '짜증나!' 밥은 냄새가 안좋은 곰팡이가 가득.

이렇게 말에는 센 파장과 에너지가 있다. 그래서 긍정의 '감사합니다' '고맙습니다' '사랑합니다'는 말은 강력한 에너지로 인해 풀리는 인생이 된다.

그렇다면 다음의 실험 결과는 여러분이 예측해 보라.

A사람의 입에 달고 사는 말버릇이 "감사합니다" "사랑합니다" "예뻐요" "냄새가 좋다" "건강하다" "할 수 있다" "취업 된다"등 절대 긍정적인 말만을 정성껏 들려주었다. 반면, 다른 B사람의 입에 달고 사는 말버릇은 "짜증나" "죽을래" "미워" "싫어" "아 최악이다" "못해" "또 실패" 등 부정적인 말을 들려주었다. 예측 가능하듯이 이 실험 결과는 확연한 차이를 보일 것이다.

위 말의 실험을 통해 갈등, 상처, 증오, 무력, 화, 짜증 등을 만들어낼 실험 결과는 어느 것일까? 욕을 들은 우리의 몸은 어떻겠는가?

우리가 평소 무심코 사용하는 한마디가 가족, 친구, 동료들에게 엄청난 영향을 미치고 있는지도 모른다. 회사의 성과나 관계적 결속에도 큰 영향을 미친다. 하지만 가장 큰 영향을 받는 것은 누구보다도 그 말을 내뱉는 자기 자신일 것이다. 따라서 긍정의 말버릇은 바로 행복과 건강을 위한 가장 저렴하고도 귀중한 처방이 아닐까? 그러므로 감사의 말이 하루하루의 언행이 되어야 한다.

물 실험의 반응

일본의 세계적인 물 연구가 에모토 마사루(Masaru Emoto) 박사는 물이 사람의 말을 알아듣고 그에 맞게 반응한다는 것을 증명해 보이기도 했다. 그의 책 <물은 답을 알고 있다>에서 실험 내용은 아래와 같다.

물의 반응 실험

감사합니다 : 망할

에모토 마사루 박사는 똑같은 용기에 같은 종류의 물을 넣은 다음에, 한 곳에는 부정적인 말을 계속하여 쏟아 부었다. 이를 테면 "망할" "저주" "죽어" 등. 또 다른 한 곳에는 긍정적인 말을 지속적으로 하였다. 이를 테면 "사랑" "감사" "고마워" 등. 시간이 지난 후 물의 반응을 비교해 보았다. 그런데 놀랍게도 물의 결정체가 너무나 다양하게 나타나더라는 것이다.

물의 실험결과 긍정적인(사랑, 감사, 칭찬) 말을 들은 물은 아름답고 완벽한 모양의 결정체가 나타났다. 반면 부정적인 욕설(화, 비난)을 들은 물은 파괴되고 흐트러진 모양이 나타났다.

A : [사랑, 감사] 긍정의 말

: 결정체가 규칙적이고 선명하며 정교하고 아름다운 레이스 모양을 보였다.

B : [망할, 욕(저주)] 부정의 말

: 결정체가 뒤틀리고 파괴되고 분열된 상태가 되었다.

그런데 에모토 마사루 박사의 더 놀라운 발견은 감정을 담은 말은 우리의 몸에도 그대로 영향을 준다는 결과를 알아냈다. 몸은 부정적인 감정을 느낄 경우는 심장 박동이 불규칙하고, 고혈압을 초래할 수 있고 뇌졸중을 일으킬 가능성이 높다는 것이다. 반면 긍정적이고 사랑하며 감사하는 마음을 갖게 하는 말은 심장 혈관에 도움이 된다. 또 면역 기능을 향상시키며 호르몬의 균형을 가져온다는 것이다.

결국 우리의 말이 내 몸과 마음에 영향을 주어 건강하고 좋은 상태를 만들어 간다.

식물 실험의 재발견

무관심 : 사랑해 : 멍청이

이 세상 모든 만물들은 듣는다. 특히 우리의 몸과 마음, 심어지는 몸 안의 신진대사까지 듣는다. 피터 톰킨스(Peter Tompkins)는 자신의 책 <식물의 신비한 생애>라는 책에서 실험했던 내용을 보면 다음과 같다.

동일한 식물을 세 개의 동일한 화분과 흙에 나눠 심은 후 같은 장소에 나란히 놓는다. 그리고 물과 거름, 햇볕의 양도 동일하게 조절한다. 그러나 한 가지 다른 조건이 있다. 각 화분마다 다른 말을 건네며 기르는 것이다.

첫 번째 화분에는 아무 말도 하지 않았다.

두 번째 화분에는 칭찬만 한다.

"넌 어쩜 이렇게 아름답니?" "새로 돋아나는 이 앙증맞은 새잎 좀 봐, 뿌리도 땅 속 깊이 튼튼하게 자라고 있구나!" "참 예쁘다." "어쩜 이렇게 화려하니!"

세 번째 화분에는 비난과 불평을 늘어놓았다.

"넌 정말 못생기고 볼품없구나!" "너 같은 꽃은 공들여 키울 가치조차 없어!" "죽어라!"

세 화분의 식물을 어느 정도 시간이 흐른 후 비교했을 때 칭찬을 받은 식물은 튼튼하고 싱싱하게 자랐다. 반면 아무 말도 하지 않은 식물은 그저 그런 상태를 유지했다. 그런데 욕과 비난을 받은 식물은 비실거리며 자라지 못했고 결국은 죽었다.

놀랍지 않은가. 실험 결과를 보듯 긍정의 말이 싱싱하게 자라게 한다는 원리를 확실히 증명한 셈이다. 그런즉 감사하는 마음이 긍정적인 동조 현상을 끌어들여 삶이 더욱 행복해 진다. 긍정, 칭찬, 감사, 배려는 관계를 회복시키며 가장 쉽게 생명력을 재생하는 에너지이기 때문이다.

결국, 이기는 말의 능력

미국의 한 교도소에서 재소자들을 대상으로 어린 시절의 환경에 대하여 조사한 유명한 연구결과가 있는데, 공통적으로 어릴 때부터 부모에게 욕설과 부정적인 말들을 들었다고 한다. 그 중 가장 많이 들었던 말들은 "한심한 놈." "바보." "넌 역시 안 돼." "쓸모없는 놈." "커서 감옥에나 갈거야!" "나가 버려!"라는 충격적인 말들이었다. 물론 개인의 의지와 차이는 있겠지만 어린 시절에 들은 말은 인생에 어디까지 미칠지 모를 영향력을 가지고 있는 것만은 분명한 사실이다.

존 바그 예일대학교 사회심리학과 교수는 흥미로운 실험을 하였다. 대학생들을 두 그룹으로 나누어 한 그룹에게는 '공격적인, 대담한, 무례한, 귀찮게 하다, 방해하다, 침범하다'와 같은 부정적인 단어를 만들어 사용하게 했다. 또 다른 그룹에게는 '예의바르다, 배려하는, 고마워하다, 참을성 있다, 다정하다, 양보하다'와 같은 긍정적인 단어로 문장을 만들어 사용하게 했다. 그런데 놀랍게도 단어를 떠올린 것만으로도 무의식적 뇌에 자극을 준다는 것이다.

만약 부정적인 단어나 문장의 말들은 신체 능력이 떨어지거나 부정적인 행동을 유발시킬 수 있다. 반대로 긍정적인 어휘들은 잠재력을 끌어올려 진취적인 태도를 갖게도 한다. 그리고 우리 삶을 긍정적인 방향으로 펼쳐지도록 이끈다.

우리의 뇌는 특정 단어를 말 할 때 이미 그 단어와 관련된 뇌 부위가 활성화된다. 예를 들어 "잘한다" "사랑합니다" "잘 했습니다" "보기 좋습니다" "감사해요"라는 동사를 읽는 순간, 이미 두뇌에서는 신체에 움직임을 명령할 수 있도록 준비를 시킨다. 그러므로 평소에 어떤 언어를 사용하는가에 따라 미래도 달라지는 것이다.

"할 수 있어" "사랑해" "감사해요" "고마워" "좋아해요" "된다"라는 어휘를 쓰고 읽고 들을 때 우리 두뇌는 좋아하는 상황과 똑같은 분위기로 활성화를 한다. 그러니 품격 있는 어휘나 특정한 언어를 활용 할 때, 우리 뇌는 이미 그 언어대로 행동할 수 있도록 신체에 명령을 내리는 것이다.

"감사는 행복의 원료이고 풍요로운 삶의 재료이며,
인생을 성공으로 이끄는 에너지입니다."

THANK YOU

7

결국, 치유하는 위대한 감사 힐링

감사의 능력 - 면역력이 향상된다.

‘감사합니다’ 파동

사람이 얼마나 행복한가는
그의 감사함의 깊이에 달려있다.
_ 존 밀러

감사 테라피

여기에 소개하는 글들이 진부할 수 있는 이야기다. 맞다. 그런데 진부한 이야기와 그것을 실천하여 효과를 보는 것은 차원이 다르다. 우리 환경과 몸의 힐링으로 나타나기 때문이다.

여기 작은 것에 감사했더니 더 큰 것을 얻은 이야기가 있어 소개한다.

독일에 대기근이 있었을 때 한 부자가 가난한 아이들을 모으고 빵을 나누어 주었다.

"얘들아, 이 자루 속에는 너희들이 하나씩 가져갈 빵이 들어 있으니 꼭 한 개씩만 가져가고 내일 또 오면 빵을 주마." 아이들은 그 말을 듣기가 무섭게 자루에 달려들어 서로 큰 빵을 골라들고는 정신없이 집으로 뛰어갔다. 그런데 그레첸라는 소녀는 가만히 서 있다가 마지막 남은 제일 작은 빵을 집어 들고는 "할아버지 감사합니다." 인사를 하고 집으로 돌아갔다. 다음날도 어제와 같이 아이들은 빵을 집어 들고 집으로 가기 바빴다. 이번에도 그레첸은 맨 나중에 남은 제일 작은 빵을 들고 '고맙다'는 인사를 하고 집으로 돌아왔다. 어머니와 함께 나누어 먹으려고 빵을 쪼개보니 그 속에 50센트 은화가 6개 들어 있었다. 그레첸이 할아버지에게 빵 속에 들어 있던 은화를 가지고 갔을 때, 할

아버지는 다음과 같이 말을 하는 것이었다.

"그레첸, 이 은화는 감사할 줄 아는 착한 사람에게 상으로 주는 것이다."

한때 유행어였던 것 같은 데 '착한 가격', '착한 가게'라는 말이 있었다. 착한 가게만 늘어나는 것이 아니라 소소한 일상에서 작은 것에 감사함을 알고 실천하는 착한 사람들도 더 많아지기를 바란다. 사실 착한 감사는 삶을 보다 행복하고 풍요롭게 만들어주기 때문이다.

장수하는 동물

우리 몸은 마음과 밀접하게 열결되어 있다는 것을 알아야 한다. 정신의학자이자 신경과학자인 에이멘 박사는 우리의 생각이나 감정, 그리고 행동은 뇌의 기능에 직접적인 영향을 미친다는 것을 알아냈다. 긍정 심리학에서 긍정적 마음가짐(감사, 명상, 봉사, 좋은 만남)은 모두 일정한 효과가 있음이 입증되었다. 그런데 감사하는 마음은 심리학뿐만 아니라 의학이나 뇌과학 분야에서도 밝혀졌다. 분노나 불평 등 부정적 감정을 느낄 때에는 심장 박동이 불규칙해졌지만 삶에 감사한 마음을 가졌을 때 심장 박동수는 매우 규칙적이었고 여유가 있었다고 한다.

현존하는 동물 가운데 청고래는 장수하는 동물로 알려져 있다. 보통 130년까지도 살수 있는 데, 그 비밀로 청고래의 심장박동이 굉장히 느리다는 점이다. 물속에서 심장박동 수가 1분에 4회씩 뛴다.

사람도 청고래처럼 심장박동수를 늦추고 생활습관을 바꾸면 오래 살 수 있다. 그 중에 하나가 꾸준히 하루에 30-40분 유산소 운동을 해야 한다. 운동의 이로운 효과를 다 설명할 수 없으나 그 중에 하나가 치매를 막고 새로운 대뇌 뉴런의 생성을 촉진하여 면역력을 활동시킨다. 그리고 심혈관계 질환 발병률이 40퍼센트 떨어진다. 결과 노화를 더디게 하고 젊은 삶을 누릴 수 있다.

그런가하면 정신의학자이자 신경과학자인 에이멘 박사는 진심어린 감사한 마음을 가질 때 뇌의 활동이 활발해지고 모든 부위가 최대한의 기능을 발휘하며 신체기관이 활발하게 상호 협력해 나간다고 하였다. 또한 집중력이 높아지고 기억력도 증가되며 신체 모든 부위의 기능도 조화를 이루며 분노나 과격한 행동, 우울한 생각이 침입하지 못하게 된다는 것도 밝혀냈다.

감사할 때의 심장박동

어째든 감사의 태도는 긍정의 파동을 일으킨다. 이 파동은 1초에 몇 번 진동하느냐는 진동수로 측정된다. 사람은 좋은 기분이나 불쾌한 기분을 파동으로 발산한다. 또한 감사의 에너지도 파동으로 전달된다. 그런데 감사의 에너지는 우리 몸의 심장과 뇌에 그대로 투영된다.

보통 사람의 심장 박동수는 성인기준 1분에 60~80회 정도다. 어린이는 90~140, 노인은 70~80의 심박수를 가진다. 김현창 연세대 의대 교수는 "평상시 운동량이 많고 심폐지구력이 좋은 사람은 안정시에 맥박수가 낮은 것으로 알려져 있다"고 말했다. 심장박동 수가 증가하면 몸의 심장은 더 많은 산소를 요구한다. 결국 신체의 세포를 약화시킨다. 그래서 운동 선수들의 심장박동 수는 대체로 적다. 천천히 뛴다. 이미 입증된 사실이지만 심장박동수가 적어질수록 건강에 좋다.

그런데 만일 내가 부정적인 감정(화, 분노, 부정, 욕, 근심, 불안감, 우울증 등)을 생각하거나 말할 경우 심장 박동이 불규칙하며 리듬이 없어지게 된다. 이 불규칙한 심장박동은 몸에 연쇄적으로 작용하여 혈관이 수축되거나 혈압이 올라가게 된다.

반면 감사하는 마음을 가져 심장박동이 규칙적이고 주기적이면 균형 잡힌 파장으로 나타난다. 일정한 심장박동은 심장혈관과 면역기능을 향상시키고, 신경계의 기능을 원활하게 만들며 호르몬의 균형을 가져온다.

TSL 치료운동

이 세상에서 가장 위대한 말이 '사랑합니다'라고 한다.

일찍이 연세대 사회복지학과 김재엽 교수는 집단 실험으로 노인 남녀 대상으로 7주간 배우자에게 "사랑합니다" "미안합니다" "고맙습니다"라는 말을 날마다 하도록 했다. 일명 TSL치료운동(Thank you-고마워요, Sorry-미안해요, Love-사랑해요)을 적용하는 것이다.

실험 결과를 보면, TSL을 매일 습관적으로 실천하고 반복한 그룹은 스트레스 지수가 내렸고, 능력지수는 올랐으며, 우울증이 개선되고 심장박동이 안정되었다. 또한 암과 고혈압, 당뇨, 파킨스 등과 같은 질병의 위험이 낮아지고, 노화속도가 저하된다는 결과를 발표했다.

그럼에도 불구하고 감사

인간이 범하는 가장 큰 죄는 감사할 줄 모르는 것이다.
지옥은 배은망덕한 무리들로 가득 차 있다.
_ 스페인 화가 세르반세스

감사 표현의 의무

이해인 시인은 "말로써 남에게 상처를 입히지 않으려는 단호한 노력을 끊임없이 되풀이해야 한다"고 하였다. 그래서 '감사합니다'라는 표현에 익숙해지려면, 먼저 감사하는 마음을 갖고 나를 사랑하고 사람을 사랑해야 한다.

유대인의 히브리어에 보면 '감사'를 '하카랏 하토브(ha-karat ha-tov)'라는 말이 있다. 이는 '남이 당신에게 베풀어준 고마움을 인식하게 됨'을 뜻한다. 그렇다. 매일 받은 감사함을 표현하는 것이 의무라는 것이다.

감사한 하루를 그냥 무심히 지나치지 않도록 하는 것이 중요하다. 하루의 생활 속에서 받은 감사함을 표현하는 것이 지나치게 인색해서는 안 된다. 우리는 쉽게도 가까운 사람들의 감사함을 모르고 당연히 받아들이거나 꼭 무슨 날에만 감사를 표한다. 그러나 '감사하다'는 표현은 우리가 매일 실천해야 하는 덕목이다.

일본의 소설가 미우라 아야코의 대표작 '빙점'에 보면, 그녀는 직장암, 파킨스병, 척추 카리스 등의 질병으로 13년 동안 거의 침대에서 누워 지냈다. 그녀가 소천하기 직전에 남긴 말은 지금도 많은 사람들에게 큰 감동으로 여울지고 있다.

"질병으로 오히려 감사함을 알게 되었습니다."

감사함은 받은 것을 받았다고 표현하는 것이다. 그런데 지금 감사하기 위해서는 받은 것을 헤아려 봐야 한다. 이미 풍성함을 누리고 있는 것, 행복한 것, 그리고 성공을 누리고 있는 것. 항상 감사할 수 있어야 한다.

그래도 감사합니다

영국 속담에 보면 "감사는 과거에게 주어지는 덕행이 아니라 미래를 살찌게 하는 덕행이다"라는 말이 있다.

나의 서재에는 소중하게 간직하고 있는 책 <지선아 사랑해, 이레출판사, 2003> 을 소장하고 있다. 가끔 다시 읽곤 한다. 큰 도전을 받은 책이기 때문이다. 이지선님은 자동차 사고 화상으로 일그러진 얼굴을 거울에 비춰보며 스스로에게 말을 건다. "지선아 사랑해."

그녀는 자신의 감사함을 이렇게 말한다.

"두 손가락을 사용할 수 있음에, 하나님 감사합니다!"

사고 전 사진,

사고 후 사진

(위 사진은 네이버 인물 정보와 책, 인터넷에 올려져있는 사진을 소개 목적으로 재인용했다. 현재 이지선님은 UCLA 대학원 사회복지학 박사를 취득했고 대학교수로 활동하고 있다.)

당시 이지선님의 사고 일화를 보면, 이화여자대학교 유아교육학과 학생이었다. 사고가 있던 그날도 도서관에서 늦게까지 공부하고 있었다. 오빠가 차로 데리러 왔고, 집으로 돌아가는 길에 음주 운전자의 대형차와 정면충돌하였다. 불에 탄 차에서 오빠가 구출해냈지만, 그녀는 전신 55퍼센트의 3도 화상을 입게 되었다. 곧바로 응급실로 실려갔으나 의사들조차 치료를 포기했다. 왜냐하면 살 가망이 없는 것으로 보였기 때문이다. 그러나 그녀는 7개월간 11번의 수술 끝에 화상의 흔적이 그대로 남아 있는 절망적인 모습이었지만, 그럼에도 불구하고 그녀는 "감사합니다." "살려주셔서 감사합니다."

자신의 얼굴을 바라보면서도 "그래도 지선아 사랑해..."

그녀는 여덟 개 손가락을 사용할 수 없게 되었지만, 그럼에도 불구하고 두 손가락을 사용할 수 있음에 "하나님 감사합니다"라고 고백했다. 또 감사했다.

"그럼에도 불구하고 감사합니다."

감사 공감능력

오늘 나는 행복한 사람이 될 것을 선택하겠다.
나는 어떤 상황에서도 나의 삶에 감사하겠다.
_ <안네의 일기> 저자 안네 프랑크

"출문여 견대빈(出門女 見大賓)"은 고려시대 <명심보감> '준례'편에 나오는 구절이다. 뜻은 '밖을 나서는 순간 마주치는 모든 사람을 큰 손님 섬기듯이 하라'는 의미이다. 즉 배려하고 감사하는 마음으로 다른 사람을 대해야 함을 이르는 말로써, 이 감사 마음만 지니고 실천한다면 나도 모르는 사이에 큰 성장을 가져오게 될 것이다.

요즘 연예인과 정치인들을 보면 감사와 인성(人性)이 문제가 되어 나락으로 떨어지는 것을 종종 본다. 언품(言品)이 얼마나 중요한지를 다시 한 번 깨닫게 해 준다.

상대방과 공감을 잘 하는 사람이 사회를 주도하는 실력자로 인정받는 시대가 된 것이다. 그러므로 감사함은 그 사람의 미래까지 결정짓는다.

부디 이 책을 읽고 적용시켜 상대의 환경과 마음에 대한 공감을 잘 한다는 칭찬을 많이 받기를 바라는 마음으로 글을 쓴다. 이 감사 공감능력은 내 주위에 좋은 사람들이 모여들게 만든다. 또 사람들에게 좋은 방향을 제시하고 좋은 마음에 씨를 뿌리며 좋은 자화상을 만든다.

감사 공감능력은 저절로 길러지는 게 아니라 어떤 부분에 있어서 부단히 연습하고 훈련해야 한다. 하루하루를 감사로 나의 삶을 가득 채워야 한다. 어떤 상황에서도 감사 공감능력을 누리기 위해 애써라.

다음의 감사 공감능력을 실천하고자 함이다.

상대의 환경과 마음을 헤아리기

1. 가족 간에 어떤 일을 결정할 때
2. 자녀가 잘못을 저질렀을 때
3. 친구가 화가 났을 때
4. 새로운 일을 추진할 때
5. 나와 다른 성격과 관점을 갖고 있는 사람을 만났을 때
6. 직장 생활이 꼬여 있을 때
7. 몸이 불편해 졌을 때

천금 말씨

우스갯소리겠지만, 직업별로 듣기 싫은 말이 있다고 한다.

의사가 듣기 싫어하는 말은 무엇일까?

"병 고치지 않고 그냥 앓다가 죽겠다."

치과의사가 듣기 싫어하는 말은 무엇일까?

"이 없으면 잇몸으로 산다."

한의사가 듣기 싫어하는 말은 무엇일까?

"밥이 보약이다."

학원 강사가 듣기 싫어하는 말은 무엇일까?

"하나를 가르치면 열을 안다."

일본 속담에는 '말에 영혼이 깃든다'는 '고토다마'라는 말이 있고, 한국에는 '말이 씨가 된다'는 속담이 있다. 이 모두는 말의 위대한 능력을 가지고 있음을 의미하는 것이다. 그러니 말의 창조력이 얼마나 크고 위대한지를 알고 사용하자. 예를 들어, 당신이 건강을 원하면 '나는 건강하다'라고 말하면 된다. 행복 하고 싶다면 '나는 행복한 사람이다' 라고 말한다. 잘 살고 싶다면 '나는 잘 살고 있다'라고. 이같은 천금 말씨를 항상 입에 달고 살자. 말은 천금 말씨가 되기 때문이다.

생각해 보건대 자동차, 비행기, 자전거, 배 등 이것들의 공통점이 무엇일까? 어쩌면 당신의 생각이 맞다. 이것들은 모두 핸들로 방향을 잡고 움직이도록 조정한다. 그런데 입술의 말도 핸들과 같이 돌리는 방향으로 돌아가고 따라간다. 그러므로 일상에서 천금 말씨는 기적을 만든다. 따라서 부정적인 말은 부정적인 요인을 만들어내고 분노와 우울감 등 마음을 상하게 하며 더 나아가 관계의 단절을 불러온다. 심하면 마음의 병으로 자라게 된다. 하지만 매사 감사하는 마음은 잘 되고 형통하게 된다. 매우 긍정적이며 상대를 배려한다. 이를 테면

~ 구나 : "그럴 수 있겠구나."
~ 겠지 : "이유가 있겠지."
~ 그래도 감사하다 : "더 나쁜 상황이 아니라 감사하다."
~ 때문에 : "너를 만났기 때문에 더 잘 되었다."

그렇다. 절대 긍정의 생각은 천금 말씨로 기적을 만들어낸다.

우리가 잘 아는 골프의 거인 잭 니클라우스는 '고맙다'라는 말을 잘 하기로 유명하다. 미국에서 토크쇼의 여왕이라 불리며 부와 명성을 쌓은 오프라 윈프리도 매사에 '감사합니다'라는 말을 아끼지 않았다. 부드러운 카리스마로 유명한 박-칼린 음악 감독도 '사랑합니다'라는 말로 자신의 마음을 전하여 감동을 준다.

이러한 천금 말씨들은 우리의 입에 달고 살아야 한다. 그래서 나는

다음의 말들 앞 자를 모아서 <고미용 감사축>이라 칭한다. '고맙다, 미안하다, 용서한다, 감사한다, 사랑한다, 축복한다'이 말들을 입에 달고 사는 사람들은 기적을 만들어 낸다. 한번 실천해 보라. 그래서인지 나는 '<고미용 감사축> 슬기로운 언어생활' 수업을 나눌 때 가장 즐겁다. 이는 천금 말씨로 기적을 만든다는 것을 경험했기 때문이다. 진짜로 <고미용 감사축>은 위대한 천금 말씨이다.

감사의 태도

여느 글에서 읽고 기억하고 있는 얘기다.

한번은 아내가 병상에서 죽어가는 남편의 임종을 바라보게 되었다. 그런데 남편이 아내에게 남긴 마지막 온 힘을 모아 한 말은 특별한 말이 아니라 바로 "감사했어! 여보." 또 한 드라마에서 아내가 큰 교통사고로 인해 1년 만에 깨어나 남편에게 가장 먼저 한 말은 다름 아닌 '감사해!'였다.

이처럼 감사의 표현은 가장 위대한 말이다. 이는 감사의 마음가짐에서 주어지는 선물이기 때문이다.

나는 인생을 행복하게 만들어 내고, 그 행복을 지속적으로 유지케 하는 힘은 다름 아닌 바로 나에게 있음을 강력하게 깨달았다. 그래서 매일 감사하는 태도를 가지고 산다. 더불어 남을 배려하려고 애쓴다.

그러면 분노나 신경질을 내는 경우가 적으며 좌절을 겪을 일도 현저히 줄어들며 모든 삶에 있어 긍정적인 태도를 갖게 된다. 감사하는 태도를 가지고 감사를 실천하게 되면, 내성적인 사람이 외향적이며 사교적인 사람으로 변화하게 된다. 보다 넓은 관계로 성과를 내는 삶을 살게 된다.

다음은 감사의 태도가 주는 유익한 결과들이다. 체크해가며 읽어보자.

감사 태도가 주는 유익한 결과들

□ 삶의 행복을 더욱 느끼게 된다.

□ 낙천적인 성격을 갖게 된다.

□ 열정적으로 활동하게 된다.

□ 위트 감각이 생긴다.

□ 목표를 이루기 위해 적극적으로 노력한다.

□ 다른 사람들에게 관대하며 친절하게 된다.

□ 시기하고 원망하는 마음이 사라진다.

□ 보다 긍정적으로 상황을 보게 된다.

□ 스트레스를 덜 받는다.

□ 신앙심이 깊어진다.

□ 건강하게 된다.

감사의 철학

풍요와 행복, 성공은 저절로 찾아들어오는 것이 아니다. 내가 먼저 문을 활짝 열어 놓아야 들어온다. 그러므로 하루하루의 삶에서 충실히 감사함을 실질적으로 실천하고 적용하는 것이 감사의 철학이다. 더 행복에 이룰 수 있는 유용한 한 방법이기도 하다. 감사는 저절로 자라나는 것이 아니라 감사함으로 키워가는 것이다.

코넬대학교 앨리슨 아이젠 박사는 사람들이 긍정적인 감정 상태일 때, 남을 돕고자 하는 경향이 현저히 증가한다는 것을 발견하였다. 또 다른 사람을 돕는 행위가 이루어지고 난 후에 행복하게 된다. 그리고 긍정적인 감정 상태일 때, 더욱 창의적인 것을 해내는 경향이 있다는 사실을 밝혀냈다. 이런 발견들은 한 마디로 감사가 먼저 선순환 되어야 행복이 일어난다는 의미다. 그래서 긍정적인 마음으로 남을 배려하면 나도 행복해지고, 그런 행복감 때문에 남에게 감사하며 베푸는 것이다. 그래서 감사의 에너지를 발산하는 사람 주위엔 언제나 행복한 사람들이 모여든다.

이런 글귀가 있지 않은가. '노래는 부를 때까지 노래가 아니며 종은 울릴 때까지 종이 아니고 사랑은 표현할 때까지 사랑이 아니며, 축복은 감사할 때까지 축복이 아니다.' 그렇다. 감사는 실천해야 능력이 된다. 먼저 감사를 행해야 행복을 만든다. 감사도 철학이기 때문이다.

감사는 아무리 나누어 주어도 결코 줄어드는 법이 없는 무한의 행복 에너지이다.

잠깐 자신의 감사 능력을 점검하고 스스로 질문에 체크해 보라.

나의 감사 철학

□ 나는 내 인생에서 감사할 일들이 매우 많다.

□ 하루를 바라보면 감사해야 할 일이 아주 많다.

□ 매일 감사하여 감사 일기를 쓴다.

THANK YOU

8
팔자를 고치는 감사 인사법

행복해지는 데 물건이 필요 없다는 점을 깨닫게 되어 감사하다.

성공을 끌어당기는 힘
인사를 잘하는 사람

"친구에게 이를 드러내고 웃는 사람이
친구에게 우유를 건네는 사람보다 낫다."
_ 탈무드

팔자를 확 고치는 123 인사법

서울 여의도에 가면 한 달에 1천만 원 매출을 올리는 야쿠르트 아줌마가 있다. 그녀에게 성공비결을 물었더니 "매일 만나는 사람마다 인사를 먼저 한다. 인사를 통해 알게 된 나를 반가워하고 고객이 되어 주었다"라고 대답했다.

한 신문기사에 은행 강도가 치밀한 준비를 하고 은행에 들어갔는데, 직원들이 친절하게 일제히 인사를 하더라는 것이다. "안녕하세요? 어서오십시오!" 강도는 자신의 얼굴이 알려져 도저히 안 되겠다고 판단하여 부랴부랴 다른 곳으로 범행 장소를 바꿨다고 한다.

나의 기준이지만 인격적으로 '된 사람'의 특징은 인사를 잘한다. 그래서 인사성이 밝은 사람은 인격적으로 성숙하다. 요즘 성공을 끌어 당기려면 좋은 인사 습관이 필요하다. 앞으로도 변치 않고 성공을 끌어당기는 강력한 힘(원리)이 하나 있는데, 바로 인사를 잘하는 사람은 절대적으로 성공할 수밖에 없다. 다시 강조하지만 위대한 거목(巨木)이 갖추어야 할 첫 번째 태도는 인사를 잘하는 것이다. 성공은 태도로부터 시작하기 때문이다.

나는 팔자를 확 고치는 123 인사법을 창안하여 실천하고 있다. 그 원리를 여러분의 삶에 적용해 주기 바란다.

<팔자를 고치는 123 인사법>

1. 상대방을 미래의 갑부로 맞이하여 인사한다.
2. 먼저 다가가 미소로 인사한다.
3. 존경의 마음으로 깊게 인사한다.

일상생활에서 인사 실천하기

인사성이 좋은데다 덧붙여 상대에 따라 특별한 관심의 표현을 더 해주면 금상첨화이다. 이를 테면, 유난히 옷을 잘 차려입고 온 친구에게 "오늘따라 더 멋지세요!"라고 한마디 덧붙여준다. 지친 기색이 있는 동료에게는 "요즘 감기가 유행인데, 건강관리 잘 하세요"라는 인사말을 건네면 좋다. 진심이 담긴 인사 한마디가 상대의 마음을 얻는 데는 최고의 도구이다.

인사 시엔 밝고 환한 표정으로, 상대를 존중하는 마음을 담은 눈으로, 양손은 가볍게 주먹을 쥐고, 상황에 가장 적합한 인사 멘트와 함께 "안녕하십니까?"라는 인사말과 함께 고개 숙여 인사를 한다. 이때 2~3초의 시간이 소요된다. 그리고 바른 자세로 선다.

다음은 각 상황별 사례이다.

출근할 때 아내에게
"여보, 다녀 올께. 사랑해."

엘리베이터에서 이웃을 만나면
"안녕하세요. 일찍 출근하시네요."

회사에 도착하면
"좋은 아침입니다."
"오늘따라 얼굴이 환해 보이시네요."

인사 멘트 훈련하기

인사 멘트 따라 하기이다. 요즘도 114로 문의를 하면 상담원이 '사랑합니다, 고객님!'이라는 인사 멘트를 해서 갑자기 당황했던 기억이 있다. 그러면서 기분이 너무 좋고 행복하다. 인사와 함께 적절한 관심의 인사 멘트를 사용해주어야 한다.

"안녕하십니까?"

"반갑습니다. 잘 오셨습니다. 환영합니다."

"식사는 맛있게 하셨습니까?"

"요즘 몸이 날씬해 보입니다."

"인천 출장을 잘 갔다 왔습니다."

"좋은 날씨입니다"

"감사합니다."

"네, 안녕하십니까?"

"생일 축하드립니다."

"고맙습니다."

"넥타이가 참 잘 어울립니다."

"네, 고맙습니다."

"날씬해 보이십니다."

"미안합니다."

"천만에요"

"인사드리겠습니다."

"뵙게 되어 반갑습니다."

"말씀 많이 들었습니다."

"저는 정병태입니다."

"커뮤니케이션과 주임교수 정병태입니다."

실전, 더 잘 되는 인사법

더 행복해지며 더 잘 되는 비결을 가르쳐 드리겠다.

다음의 상황에 맞게 인사를 실천한다. 하루가 더 행복한 삶으로 바꾸어지게 된다.

가정에서 인사하기

아침에 일어나면, "안녕히 주무셨어요?" "잘 잤니?"

나갈 때는, "다녀오겠습니다." "다녀오세요."

돌아오면, "다녀왔습니다." "잘 다녀오셨어요?"

잘 때, "안녕히 주무세요." "잘 자렴."

'좋은 아침.' '행복한 하루.' '오늘도 사랑해.' '보기 좋네.' '어디 아픈데 없니.' '사랑해.' '밥 먹어.' '여기 커피를 준비했다.'

쾌활한 인사태도

사람을 쾌활하게 맞이하는 태도는 선택 사항이 아니다. 탈무드 〈아버지의 윤리 1:15〉에 보면 다음과 같은 격언이 있다. "모든 사람을 쾌활하게 맞이하라." 이 말은 내가 기분이 좋지 않을 때도 다른 사람을 쾌활하게 맞이해야 한다는 뜻이다. 당신을 맞이하는 다른 사람의 태도가 쾌활하고 다정하길 바라듯, 당신 역시 다른 사람을 기분 좋게, 다정하게, 쾌활하게 맞이하도록 하라. 많은 대다수 사람들은 쾌활한 사람과 어울리는 걸 더 좋아한다.

나는 데니스 프레이저의 말을 좋아한다.

"우리에겐 최대한 행복해져야 할 도덕적 의무가 있다."

이 가르침을 잘 실천해 보도록 하자. 항상 다른 사람에게 먼저 다정하게 인사를 건넨다. 하루에 3번 이상 거울 앞에 서서 웃는 연습을 실천한다. 다음의 말과 함께 "당신은 이 세상에서 가장 사랑스럽고 고마운 분입니다."

이기는 인사 습관화 원칙 3가지

이기는 인사 습관화의 원칙을 지키면 성공을 앞당길 수 있다.

다음의 원칙을 지켜라. 인격적 사람됨은 후천적으로 연습된 습관에 의해 만들어진다.

〈원칙 1〉 기상하면 인사하는 습관을 가져라.

기상습관을 바꾸고 일어나면 보는 사람들에게 인사하는 습관을 갖는다. 노크하여 문을 열고 들어가서 적극적으로 인사하라.

〈원칙 2〉 인사를 잘하면 성공한다.

정성을 깃들여 인사를 잘 하자. 인사를 잘 하는 것은 사람이 지닌 좋은 인격적 습관이다. 인사만 잘해도 인생이 잘 풀린다.

〈원칙 3〉 칭찬하고 배려하고 감사하는 인사를 표현하라.

인사훈련은 의도적으로 해야 한다. 칭찬하고 배려하고 감사하는 표현으로 인사한다. 다음의 요소를 참고하여 인사습관을 갖는다.

⑴ 상대방의 이름을 부른다.

⑵ 밝은 미소를 짓는다.

⑶ 칭찬의 표현과 함께 인사한다.

- 인사 시 덕담 -

부모가 딩크족(아이를 갖지 않기로 합의한 부부) 자녀 부부에게 ——

"너희들 사랑하며 행복하게 사는 모습을 보니, 정말 고맙다."

"두 사람이 행복하고 즐겁게 사는 것이 더 보기 좋구나."

취업 준비 중인 20대 조카에게 ——

"급할 것 없어, 20대엔 친구 만나고 공부하는 것이 더 중요해!"

차례 상을 준비하는 며느리에게 ——

"조상들이 가장 좋아할 사람은 며느리야.

우리 가정, 며느리가 없으면 차례도 못해!"

결혼 생각이 없는 40대 미혼 조카에게 ——

"내가 40대라면 혼자 산다.

혼자 살면 좋은 게 뭐야?"

휴대폰만 들여다보는 10대 조카에게 ——

"너 오면 휴대폰 사용법 배우려고 했거든,

이것 어떻게 하니?"

- 성공을 가로막는 10가지 말 -

"하고 싶지만 시간이 없어."

"인맥이 있어야 뭘 하지."

"이 나이에 뭘 하겠어."

"이런 것도 못하다니 나는 실패자야."

"사람들이 날 화나게 해."

"이건 내가 할 수 있는 능력 밖이야."

"맨 정신으로 그걸 어떻게 해."

"가만히 있으면 중간이라도 가."

"나 원래 이래."

"상황이 협조를 안 해 줘."

- 남에게 상처를 주는 말 -

우리사회는 저주, 악담, 욕설, 험담, 비방, 분노, 거짓말, 중상모략 등등.. 사람을 깎아내리거나 인격을 비하하는 말의 행위로 가득하다. 또 가깝다는 이유로 거칠고 무례한 말을 내뱉기가 일쑤이다.

"꼴좋다!"
"내 손에 장을 지지겠다!"
"네 주제에 뭘 한다고!"
"사람이 왜 그 모양 그 꼴이지!"
"돌대가리야 그 머리 갖고 세상을 어떻게 살아!"
"니가 하는 일이 맨 날 그렇지"
"너 같은 건 필요 없어!"
"안 될걸! 안 돼!"
"널 보면서 집안 꼴을 알겠다!"
"널 보니 앞날이 훤하다!"

- 사랑의 언어 -

"사랑해요"라는 말은 더욱 큰 소망을 준다.

우리가 이런 말을 실제 생활언어로 사용 할 때는 우리 자신도 역시 동일한 기쁨과 위로를 얻게 되는 것이다.

아름답습니다.

대단합니다.

참 잘했습니다.

멋집니다.

신이 납니다.

재미있습니다.

감동적입니다.

사랑합니다.

성공할 수 있습니다.

잘 이겨내셨습니다.

- 가장 아름다운 말 -

감사합니다.

죄송합니다.

덕분입니다.

사랑합니다.

해보겠습니다.

기도하겠습니다.

할 수 있습니다.

제가 하겠습니다.

무엇이든 도와드리겠습니다.

기꺼이 해드리겠습니다.

잘못된 것은 고치겠습니다.

참 좋은 말씀입니다.

이렇게 하면 어떨까요?

대단히 고맙습니다.

도울 일 없겠습니까?

THANK YOU

9

매출을 쑥쑥 올리는 공공연한 비밀

감사 경영의 기적

사람이 얼마나 행복한가는
그의 감사함의 깊이에 달려 있다.
_ 존 밀러

일상의 행복

어릴 적 비눗방울을 '후~ 후~', 정말 비눗방울 놀이로 재밌게 놀았다. 살랑이는 바람에 따라 비눗방울을 머리 위로 올려주며 행복하게 뛰어놀던 시간이 생각난다.

덴마크 화가 한스 안데르센 브렌테킬데(1857-1942)의 작품에는 일상의 행복한 아이들을 묘사하는 목가적인 마을 장면에 집중하였다. <비눗방울> 작품에서도 어린이들이 즐겁게 비눗방울 놀이로 행복 가득한 순간을 그렸다. 그런 아이들의 놀이에 고양이도 함께 쳐다보고 있다. 그런데 비눗방울도 잠시 뿐이듯 그 행복도 잠깐이라는 것을 음미해 본다. 아무튼 그의 그림을 감상할 수 있어 정말 행복하고 감사하다.

<비눗방울>, 한스 안데르센 브렌테킬데, 1906, 캔버스 유화, 54x69cm, 개인소장
(이미지 출처 : Wikipedia/ https://upload.wikimedia.org/wikipedia/commons)

감사 존(zone) 넓히기

세상에서 감사를 표하는 이의 행동보다
더 아름다운 것은 없을 것이다.
_라 브뤼에르

과자로 유명한 일본의 다케다 제과 '다마고 보로(bolo)'의 경영주 다케다 회장은 과자를 만들 때 직원들에게 과자를 향해 하루에 3천 번씩 "감사합니다" 말을 외치라고 권한다. 심지어 공장에다 "감사합니다" 말을 녹음한 테이프를 작업시간 내내 틀어놓는다고 한다. 그래서 제품이 출고될 때까지 과자반죽은 100만 번의 "감사합니다" 말을 들으며 만들어진다. 이런 감사의 힘으로 만들어진 다케다 제과는 다른 과자들보다 더 불티나게 팔린다.

나는 당연한 결과라고 생각한다. 감사 경영 실천은 성공의 환경을 만들기 때문이다. 그래서 성공할 때가 된 사람들이 습관처럼 하는 말이 감사다.

당신은 하루에 "감사합니다" 말을 몇 번이나 듣고 말하는가? 의외로 세계 최고의 명문대학교 하버드비즈니스 경영대학원 학생들은 "감사합니다" 말을 입에 달고 산다. "Thank you"나 "Thanks", 때로는 "Appreciate" 등 정중한 표현을 쓴다. 놀랍지 않은가, 실로 그들은 비밀을 알고 있었다. 일상 속에서 감사가 삶을 바꾸고 달라지게 한다는 것을 말이다. 건강한 삶으로 이끌어준다고.

다음은 여러분들이 행해야 할 일상의 실천 지침이다.

감사의 마음을 전하고 싶을 때는 "감사합니다"라고, 도움이 필요할 때도 "도움을 부탁드립니다"라고 말한다. 때론 사과를 하고 싶을 때는 "죄송합니다(미안합니다)"라고 마음을 담아 정중하게 사과한다. 칭찬할 거리가 보이면 곧바로 칭찬을 해준다. 그래서인지 인도의 시인 타고르(1861-1941)는 "감사의 분량이 곧 행복의 분량이다"라고 말했다. 즉 '감사가 그 사람의 행복 자존감의 분량이다'라는 의미이다. 아마도 감사와 관련되어 가장 많이 회자되는 말은 "감사는 기적을 만든다"라는 말이 아닌가 싶다. 앞에서도 말했지만, 우리나라가 OECD 국가 중 자살률 1위라는 오명은 외적인 요인들도 있지만 '감사 불감증'이 중요한 요인일 수 있다. 평소 감사할 줄 모르기에 칭찬과 배려는 없고 싸우고 분열하기에 급급하다. 사실 개인적 자아존중감과 행복감은 감사 실천을 통해 이루어진다.

오늘부터 소소한 것일지라도 주어진 것에 감사하자. 성장한 사람들은 더 긍정적으로 생각하고 더 감사한다. 이들은 타인에게 관대하고 친절하며 일상의 삶에 감사한다. 평소 소소하고 작은 것에도 감사를 잘한다는 것이 특징이다. 그래서 감사 실천은 조직, 경영, 관계의 성장에 지대한 영향을 미친다.

이제 어떤 사람이든 만났을 때, 그 사람에게 존재하는 감사함을 찾아내자. 그리고 먼저 감사함을 표현해 주라. 감사 에너지를 원동력으로 삼으면 크게 성공할 것이다. 이는 공공연한 비밀이다.

비가 온다.

와 감사해!

결국, 불황과 경기침체도 이기는 힘

감사를 통해 인간은 부자가 된다.

_본 회퍼

감사 경영 실천

유대인의 탈무드에 보면 "세상에서 가장 행복한 사람은 감사하며 사는 사람이다"라는 말이 있다. 지속적인 불황과 경기침체의 장기화로 경제가 어렵지만 그럴수록 감사를 실천하면 불황도 뚫고 나아가 성과를 내고 기적을 만들어 낸다. 어떤 조직이든 감사(Gratitude)가 사라져갈 때, 팀 간 소통의 비용이 증가하고 냉소적인 조직문화가 나타나게 된다. 그래서 말인 데, 만약 감사 경영을 채택한 이후 신실하게 실천했음에도 달라진 것이 없다면 그 책임으로 커피를 쏘겠다. 분명 감사 존(zone)을 넓히면 성장도 커지게 된다.

지금 감사 존(zone)을 넓혀봐라. 섬세하게 깊게 나누어라, 성과가 곧 따라온다.

심지어 길가에 여기저기 늘어서 있는 자동판매기도 손님을 어떻게 대하는지에 따라서 사뭇 매출이 달라진다. 일본의 한 자동판매기 회사는 길가에 놓인 자동판매기에 감사 경영을 도입했다. 동전을 넣고 누르면 다음과 같은 말을 하게 하였다.

"안녕하세요. 고생하시네요.
선택해 주셔서 감사합니다."

이 한마디의 말을 걸어주었다. 그랬더니 이 자동판매기가 가장 매출이 높았다고 한다. 당장 실천해보고 싶은 감동적 이야기다.

하다못해 길가의 자동판매기도 '감사하다'는 말로 엄청난 매출을 올렸다. 하물며 우월한 인간이 진심어린 감사를 실천한다면 당연히 매출은 늘어날 것이다. 설령 장소가 나빠도, 환경이 열악하더라도 더 더욱 감사함으로 경영을 일구면 불황도 모른 체 매출이 늘어난다. 조직은 결속되어 더 많은 성과를 이룰 것이다.

얼마 전 치과에 가서 치아를 CT촬영 하게 되었다. 혼자 검사실에 남겨졌을 때, 검사기기 장비로부터 걱정하지 말라는 위로와 도와주셔서 촬영이 아주 잘 끝났다며 감사하다는 음성으로 말을 걸어왔다. 정말 편안하게 거의 긴장감 없이 좋은 기분으로 마쳤다.

실제로 여러 사람들과 조직들이 감사경영을 활용했더니 클레임이 줄어들었고 무엇보다도 직원들의 이직률이 낮아졌다고들 한다. 한 예로 제이미크론 회사 황재익 대표는 감사경영을 통해 행복한 회사를 만들 수 있었다고 하였다. 직원들은 출근하자마자 바로 일하지 않고 20분 정도 부서별 하루에 5가지씩 감사거리를 나누는 시간을 갖는다고 한다. 그 결과 놀랍게도 그 감사 나눔은 곧 배려와 칭찬 릴레이로 발전하게 되었고 부서 간 팀워크를 향상시킨다.

감사경영을 하면 불황과 경기침체도 이기고
매출이 쑥쑥 올라가며 새로운 돌파구가 열리게 된다.
특히 조직의 결속과 친목을 더해 준다.

감사경영 실천은 기본적으로 '미인대칭 비비불(미소 인사 대화 칭찬 비난 비평 불만)'이란 표현으로 설명할 수 있다. 이 '미인대칭 비비불'은 일상 속에서 늘 감사하는 마음을 지니고 실천하는 것을 의미한다. 이는 감사 존이 넓혀지는 비결이기도 하다.

감사경영 실천의 위력

일단 1년만이라도 감사경영을 실천해 보고 따져보자. 아마 성과가 떨어졌다고 따지러 오는 사람은 없을 것이다. 부디 이 감사경영이 많은 직장생활에 확산되어지기를 바란다. 특히 성장의 비밀을 알고 싶어 하는 조직과 기업들이 먼저 실천해 본다. 분명 참여한 조직은 성장이라는 산물을 얻게 된다. 무엇보다도 사람들을 돈독하게 결속시키며 더욱 행복한 직장생활을 누리게 된다. 이는 모두 철학적 감사경영의 토대에서 가능하다.

크든 작든 우리의 일터에 감사 나눔을 만들어 잔잔하며 따듯한 시간을 마련해보자. 또한 정기적인 감사 나눔과 감사쓰기의 실천을 누리자, 우리 인간은 실천할 때 행복한 존재다. 그래서 감사를 실천할 때 삶이 달라진다.

얼마 전 한 음식점 현장에서 감사경영을 실천하게 되었다. 감사하는 태도에는 어떤 힘의 영향이 미치는지를 살펴보고자 함이었다. 그래서 알고 지내는 지인의 식당에서 일하시는 근무자들에게 교육을 통해 감사경영을 실천해 보도록 하였다. 먼저 종업원들이 방문하신 손님들에게 진심어린 감사 태도를 실천하는 것이다. 그 다음 손님으로부터 어떤 반응들이 오는지를 살펴보기로 했다. 실천 기간은 2개월로 정하고, 적극적인 감사 인사와 태도를 실천한 후 손님들의 반응과 결과를 매일 기록하기로 했다. 그리고 마지막 60일째에는 감사 서비스를 실천 후 기록한 것을 살펴보기로 했다.

감사 실천 과제는 크게 3가지이다.

첫째, 손님이 들어왔을 때, 먼저 적극적으로 감사 인사를 한다. 당연 인사 멘트와 밝은 표정으로 맞이한다.

둘째, 식사 중에 의도적으로 찾아가 필요한 것은 없는지 공손히 묻는다.(한번 이상) 또는 파악하여 더 가져다 준다.

셋째, 식사를 마치고 계산을 할 때는 반드시 감사의 배웅 인사를 정중히 한다.

이러한 감사 태도를 적극적으로 실천 한 후, 전전 달과 매출을 비교해 보았다. 또 손님의 재방문, 입소문, 모임 정도, 서비스 만족, 직원의 정서 등 결과를 살펴보는 것이었다.

결과는 당연히 고객들의 재방문 횟수가 늘었고 주지 않던 팁까지도 주었다. 또 손님으로부터 칭찬과 고마움의 인사도 받았다. 당연 손님의 모임 등이 전전 월에 비해 증가된 것으로 나타났다. 또 직원의 자존감 역시 향상되었다.

그렇다. 대부분 성공한 조직들은 탁월한 감사의 태도를 가지고 경영하였다. 앞으로도 계속하여 감사경영을 실천하자.

초(超)감사 센스 기업

강소기업 반도체 장비회사 ㈜네패스의 성장 비결은 감사경영(Gratitude business)이라고 한다. 유명한 네패스의 핵심 가치는 '감사'이고 경영 이념은 '봉사하는 생활, 도전하는 자세, 감사하는 마음'이다. 직원들에게 하루에 7회 이상 감사의 말을 전하라고 강조하고, 감사 메시지를 전할 수 있는 어플 앱까지 개발했다. 직원이 서로 감사편지를 전하는 풍경도 심심찮게 볼 수 있다. 심지어 주요 장비에 '감사합니다'라고 쓰여 진 스티커를 붙여 두고 기계에 "감사합니다"라고 말을 건다.

결과는 좋은 효과로 나타났다. 참고로 창업주 이병구 회장은 책을 1년에 50권 정도를 읽는다. 또 직원들은 즐거이 감사 일기를 쓰고 수시로 감사 편지를 써 나눈다. 우편으로 직접 보내기도 한다. 이러한 감사 실천이 성과를 일군 힘이었다.

감사의 삶은 일상 안에 숨은 보물을 줍는 것과 같다. 세계적인 화장품 기업 바디샵의 창업자 아니타 로딕(Anita Roddick)의 성장 비밀은 초(超)감사였다. 그녀는 내가 좋아하는 경영인이기도하다. 아니타 로딕는 아침에 일어나 눈을 뜨면 가장 먼저 "아, 아직 내가 살아있구나", 또 "하루가 주어졌구나, 아, 감사합니다!" 마치 하루하루가 마지막이라는 생각, 아침마다 새로운 하루를 선물 받았다는 감사함으로 살았다. 결국 그러한 감사함이 큰 부(富)를 만들었다.

감사는 물질적인 풍요로움과 사회적인 성공을 끌어들이는 힘이 있다. 앞으로 조직을 통해 성과를 내려면 리더는 감사가 끌리는 성품을 형성시켜줘야 한다. 그래서 감사하는 사람은 작은 일조차 감사하고, 평범한 것에 감격하고, 무엇보다도 감사 센스가 뛰어나야 한다.

여러분도 초(超)감사 센스가 넘치는 삶의 경영을 누리기 바란다.

이는 성공을 부르는 힘이 있다.

성공을 부르는 감사의 힘

베품에는 세 종류가 있다. 아까와 하며 베푸는 것,
의무적으로 베푸는 것, 감사함으로 베푸는 것이다
_로버트 N. 로덴 메이어

큰 성장 비결

확실히 많이 감사할수록 크게 성공한다.

일본 경영의 신으로 불리는 마쓰시타 고노스케는 직원들에게 수시로 "감옥과 수도원의 차이가 있다면 불평을 하느냐 감사를 하느냐는 것뿐이다. 감옥이라도 감사를 하면 수도원이 될 수 있다"라며 긍정적인 사고를 주문했다고 한다. 마쓰시다 고노스케도 본인의 성공 비결로 감사를 통해 약점을 도리어 강점으로 바꾸었기 때문이라고 하였다.

사우디아라비아의 최고 부호인 알 왈리드. 그가 부자가 될 수 있었던 비결로 코란의 감사 구절에 있었다고 하였다. 그의 집 로비 중앙 현관에는 석판에 쓰 여진 글이 있는 데, "신께 감사하면 신께서는 더 주신다."

1995년 미국의 시사 주간지 '타임'이 세계 제일의 서비스 기업으로 선정한 MK택시는 1976년 네 가지 인사운동으로 택시업계의 '기린아'가 됐다. MK택시의 성장은 노후차량을 새 차량으로 대대적 바꾼 것도, 연봉이 높은 베스트 드라이버를 영입한 것도 아니었다. 물론 여러 요인들이 있었지만. 감사한 마음으로 그저 'MK입니다. 감사합니다'로 시작해서 내려서까지 '감사합니다. 잊으신 물건은 없으십니까' '감사합니다. 조심히 가십시오' 등 이러한 친절한 감사 태도로 세계 최고의 서비스 기업으로 우뚝 거듭났다.

세계 최대 햄버거 체인인 M사는 큰 덩치에 맞지 않게 사소한 규정이 많다고 한다. 특히 560쪽에 이르는 작업 매뉴얼에는 고기 굽는 하나의 과정에 대한 설명만 20쪽이 넘는다. 그런데 최고의 매뉴얼은 고객이 햄버거나 감자튀김을 시키면 무조건 '감사합니다'라고 말해야 한다.

사실 감사 경영 기법을 실천한 조직이 그렇지 않은 조직들보다 확실히 더 많은 매출을 올리며 직원들의 상호 끈끈한 협력 관계를 갖게 한다.

감사의 힘은 놀랍게도 성공에 필요한 것들을 끌어들이는 묘한 마력이 있다. 그러므로 빨리한다하여 욕심을 부린다고 성공하는 것만은 아니다. 사자성어에 보면 '욕속부달(欲速不達)'이라는 말이 있다. 이는 '일을 너무 빨리하고자 서두르면 도리어 이루지 못한다'는 의미이다. 대신 현재의 상황이나 이미 가지고 있거나 성취한 것들에 대한 감사하는 마음을 갖는 것이 더 중요하다. 이는 성공을 부르는 비결이기 때문이다.

삶이 메마르고 영적으로 침체되어 있는 사람들의 공통점은 그들의 생활에 '감사'라는 단어가 빠져 있었다. 그런데 성공한 사람들이 가장 많이 실천하는 태도는 다음의 8가지였다.

⑴긍정적으로 생각하기 ⑵작은 것에 감사하기 ⑶정직하고 성실하기 ⑷포기하지 않기 ⑸목표 설정하기 ⑹좋은 습관을 만들기 ⑺끊임없이 노력하기 ⑻항상 배우기 등 이었다.

성공을 연장시키는 힘

뇔르 C.넬슨의 <성공한 사람은 모든 것을 알고 있다> 는 책에 보면, 성공적인 삶을 사는 사람들은 다른 사람들이 절망하는 어려운 상황에서도 감사하는 마음을 잃지 않는 특별한 능력을 지녔다는 것을 알아냈다. 즉 감사하는 마음이 우리의 성공에 큰 영향을 미친다.

감사의 재발견에서 얻은 것은 감사하는 사람들은 언어 폭력을 휘두르지 않으며 스치는 사람들조차도 소중히 여기고 더 정직하다는 것이다. 그리고 현재의 삶 자체를 감사하게 여긴다. 한마디로 그들도 매우 긍정적이었다.

감사는 더 큰 성공을 끌어오는 자석과 같다.

감사는 기적을 창조하는 재료다.

설교 잘하기로 유명한 찰스 스펄전 목사의 글귀에서 큰 감동을 받았기에 소개한다.

"불행할 때 감사하면 불행이 끝이 나고, 성공할 때 감사하면 그 성공이 연장된다."

미국의 자동차 왕으로 불리는 헨리 포드는 대기업을 일으킨 뒤 고향에 집을 한 채 지었다. 그 집은 대기업 총수가 살기에는 매우 작고 평범한 집이었다.

이웃 사람들은 걱정스럽게 포드에게 물었다.

"이건 너무 초라하지 않나요? 호화롭지는 않더라도 생활에 불편하지는 않아야지요." 그러자 그는 얼굴 가득 미소를 띠며 대답했다.

"가정은 건물이 아닙니다. 비록 작고 초라하더라도 참 사랑이 넘친다면 그곳이야말로 참다운 행복이 있는 가장 위대한 집이지요."

지금도 디트로이트에 있는 헨리 포드의 기념관에 가면 이런 글을 볼 수 있다고 한다. "헨리 포드는 꿈을 꾸는 사람이었고 그의 아내는 기도하는 사람이었다." 참으로 행복한 이야기이다.

이러한 감사 마음이 행복과 성공을 연장시키는 강력한 힘이다.

감사로 사랑의 결실 맺기

웨일스 속담에 보면 “다리가 부러졌다면 목이 부러지지 않은 것에 대해 감사하라”라는 말이 있다. 그러니까 지금 움직일 수 있음에 감사할 줄 알아야 행복할 수 있다는 의미이다. 현재에 집중하는 것이 중요하다. 자신의 존재를 형성하고 있는 개성과 특성들을 소중하게 여기고 깊이 감사하자, 작은 것일지라도 감사했을 때 놀라운 변화가 일어난다. 감사는 가정이나 직업에 대한 행복을 증가시켜준다. 사람들과의 관계를 향상시켜 주며 사랑의 결실을 만들어준다. 그리고 성과를 내게 한다.

삼중고의 고통 속에 살았던 헬렌 켈러(Helen Adams Keller, 1880-1968)는 작가, 정치가, 교육자였으며 사회복지사였다. 태어났을 때 열병을 앓아 들을 수도 볼 수도 없었고 말도 제대로 못하였다. 그러나 그녀는 인문계 학사를 받은 최초의 시각, 청각, 언어의 장애인이었다. 그러나 자신의 삼중고의 장애를 극복하였다.

그녀의 말을 마음 속 깊이 새기고 있는 것이 있어 소개한다.

“패배를 인정하지 않는 한 그것은 진실로 패배가 아니다. 나는 특별히 나에게 핸디캡을 주신 하나님께 감사드린다. 그것이 없었다면 나는 성공할 수 없었을 것이다.”

우리에게 주어진 모든 것에 감사하며 더욱 멋지고 아름다운 삶을 만들어보자. 비용이 들어가지 않는 감사 실천을 아끼지 말자. 감사가 우리의 인격이 되어 각자의 삶을 감사로 색칠해야 한다.

가장 위대한 성품

금(金)이 불소에서 더욱 성결해지고 보석이 숫돌을 거쳐 광채를 내듯이, 우리의 삶도 빛나도록 다듬는 과정이 있어야 한다. 사실 먼저 밝게 감사 표현을 하려면 감사를 배워야 한다. 배워야 용기있게 감사를 건넬 수 있다. 진심어린 감사는 서먹한 관계를 회복시키고 깨진 자아상을 회복되게 한다.

참다운 행복은 감사하며 살아가는 사람들이 누릴 수 있는 특권이다. 그래서 그 사람의 성품을 측정할 수 있는 것이 바로 감사하는 마음을 가졌는가를 통해 알 수 있다. 감사는 가장 위대한 성품이라고 로마의 철학자 키케로(Marcus Tullius Cicero, 기원전 106-43)는 말한다.

"감사는 가장 위대한 성품일 뿐 아니라 다른 모든 성품의 어버이다."

감사로 만들어진 인격은 얼마나 멋질까? 정말 감사하며 살면 행복한 삶을 만들어 낸다. 이유인즉 감사의 인격은 가장 위대한 성품이기 때문이다. 그리고 감사의 태도를 익혀 적용하면 성과를 내고 곧 성공을 만든다.

THANK YOU

10
감사 표현의 힘
감사 힐링 실천하기

형통할 때 감사하면 형통이 연장된다.

지혜로운 언어생활의 실천

지옥이란 감사할 줄 모르는 사람들이 가득 찬 곳이고,
천국이란 감사할 줄 아는 사람들로 가득 찬 곳이다.
_ 영국의 격언

감사할 줄 모르는 여우

한 소년이 길을 가다 구덩이에 빠진 여우를 구해주었다.

그런데 그 여우는 소년을 잡아먹으려고 했다. 소년은 깜짝 놀라며 따졌다.

"너를 구해주었는데 왜 나를 잡아먹으려는 거냐?"

그러자 여우는 이렇게 대답했다.

"사람들이 그 구덩이를 파놓았기 때문에 내가 그렇게 된 것이니 너를 잡아먹는다고 억울해하지 마."

소년은 억울해서 "다른 동물들에게 물어보자"고 했다. 그래서 만약 여우의 말이 옳다고 하면 당장 잡아먹혀도 좋다고 했다. 그때 마침 토끼가 나타났다. 이야기를 다 들은 토끼는 "이야기만 들어서는 잘 모르겠으니 처음부터 다시 한 번 보여줘!"라고 했다. 그래서 여우는 걸어가다가 다시 구덩이에 빠졌다. 그리고 소년을 향해 밧줄을 내려달라고 했다. 그러나 소년과 토끼는 밧줄을 내려주지 않았다. 토끼가 여우에게 말했다.

"너처럼 감사할 줄 모르는 녀석은 사냥꾼에게 잡히는 것이 마땅해."

동화 이야기지만 큰 가르침을 주었다. 평소 더욱 감사할 줄 아는 사람이 되기를 다시 결심하게 되었다. 초대 교회의 교부였던 크리소스톰은 다음의 말을 하였다.

"사람에게는 근본적인 죄가 하나 있는데 그것은 감사하지 않는 것이다."

감사 표현의 결핍

우리의 일상적인 언어를 보면 여성은 하루에 많게는 2만 5천 마디를 사용하고 남성은 1만 5천 마디의 말을 사용한다. 이처럼 우리는 하루에 많은 말을 하니 지혜로운 말로 영향력을 주어야 한다.

흔히 선생님과 부모의 언어가 학생과 자녀의 미래를 크게 영향을 준다는 것은 다 알고 있을 것이다. 이를 테면 "그것도 못해" "네가 그렇지 뭐!" "잘~ 한다" "바보냐" 등의 부정적인 언어를 듣고 자란 아이가 있다고 가정해 보자. 반면에 "너는 소중하다" "잘했다" "장하다" "잘 해낼 줄 알았어" "괜찮아" 등의 긍정적인 말을 듣고 자란 아이와는 성장하면서 확연히 다른 태도를 보일 것이고 삶의 결과도 사뭇 다를 것이다.

감사 생활을 실천하는 방법으로는 작은 것일지라도 감사할 대상을 찾아 마음을 전한다. 그리고 원하는 일이 실제로 일어나기 전에 미리 감사하는 마음을 갖는다. 그 다음으로는 힘든 상황과 문제에조차도 감사로 대한다. 그러면 극복할 수 있는 지혜를 얻게 된다.

우리의 언어생활에서 말을 잘한다는 것은 감사 표현을 잘 하는 것을 의미한다. 그러므로 최고의 말은 진심어린 감사 표현을 하는 것이다.

행복을 만드는 언어 재료가 무엇일까? '감사다.'

감사한 언어생활은 아름다운 관계를 만든다. 그리고 사람들과의 관계를 행복한 관계로 연결시켜준다. 반면 감사 언어생활이 서툴면 사람 사이에 벽을 쌓게 된다.

우리 일상의 주변을 보면 감사 언어가 결핍된 것을 쉽게 보게 된다. 다른 사람에게 물어보거나 어떤 부탁을 할 때는 의례히 "부탁해도 될까요?" "미안합니다만.." "죄송합니다만.." "실례합니다만.." 하는 양해의 말을 서두에서 해야 한다. 그리고 답변에 관계없이 반드시 "감사합니다" "고맙습니다" "수고하셨습니다" 등, 큰 도움이 되어 감사하다는 인사의 말도 해야 한다.

기억하자. 공손한 인사말을 서두에 꺼내고 그 다음 용건을 말한다. 이는 감사함을 전하는 교양 있는 사람의 말이다. 감사함을 받고도 마음속에 묻어 두면 무감각해져서 어떤 고마운 배려와 감사를 받아도 당연한 일로 지나쳐 버리게 된다. 이는 예의 없는 태도이다. 그런데도 많은 사람들이 감사 표현을 잘 못한다. 혹시 나도 상대가 베풀어 준 호의를 무감각하여 감사 표현을 하지 않았던 적은 없는가?

실로 감사 표현의 결핍은 정서적으로 우울감, 비행장애, 두려움, 그리고 학습장애, 주의력 결핍 등으로 발전할 수 있다. 그러므로 평상시 감사하는 마음을 갖고 감사 표현에 능해야 한다.

감사 표현 실천하기

혹 당신은 감사 표현에 인색하지는 않은가?

진지하게 감사 언어도 배워야 한다는 것을 알고 있는가?

감사 표현도 반복적인 연습을 통해 습관화되어야 한다. 이는 가장 위대한 성품적 언어이기 때문이다. 또한 감사 표현은 사람들과의 사이를 부드러운 관계를 맺게 해 주는 역할을 한다. 그러나 감사 표현이 서툴면 관계가 어색해질 수 있다.

다음은 오래전 일상의 삶에서 경험했던 상황들이다.

한번은 낯선 지하철역 가는 길을 몰라 길가는 사람에게 다가가 물었다.

"실례합니다만, 서울역으로 가려면 어디로 가야 합니까?"

~(길 방향을 듣고는)

"예, 정말 감사합니다. 큰 도움이 되었습니다."

또 회사에서 맡은 일을 잘 처리하지 못했을 때, 핑계의 말보다는 감사의 말을 해야 한다.

“제가 이 일이 처음이라서 제대로 못했습니다, 과장님께서 알려주신 대로 다시 처리하겠습니다, 정말로 가르쳐주셔서 감사합니다.”

이처럼 일상에서 실천하는 지혜로운 언어생활은 우리의 삶을 풍요롭게 만들뿐 아니라 관계하는 사람들에게 행복한 마음을 가져다준다. 그러므로 감사하는 마음을 갖고 감사 표현을 실천하자. 감사는 나를 변화시키는 좋은 습관 중에 으뜸이다.

우리는 언제 하늘을 날아갈 듯 기쁠까?

나의 경우는 가까운 사람들로부터 진심 어린 감사함을 받았을 때이다.

여느 의사가 말하기를 ‘감사는 암 환자들의 내적 외적 환경을 변화시키는 치료법’이다.

진심어린 감사는 사람의 신체에 직접 영향을 준다. 많은 사람들은 다음의 확연한 사실을 알고 있다. 부정적인 언어가 몸에 해로운 효과를 미친다는 것 말이다. 또한 국내의 많은 논문들이 이를 입증해 주고 있으며 여러 병원과 학교, 기업과 기관 등에서도 이미 적용하고 있다. 따라서 감사하는 마음이 환경과 관계 그리고 몸에 긍정적인 영향을 미친다는 것을 잊지 마라.

감사하는 마음은 좋은 관계뿐 아니라 성과도 만들어 내지만 우리 몸과 마음에 좋은 힐링으로 작용한다. 그리고 행복한 삶으로 만들어 준다.

실천 1 감사하는 마음 전하기

적극적인 감사 생활은 스트레스, 화, 걱정, 우울감, 두려움 등, 불안한 정서들을 완화시킴으로서 건강을 증진하고 면역계를 강화하며 몸의 치유를 촉진한다. 그러므로 감사하는 마음을 일상에서 실천해보자. 강력한 힐링으로 작용하게 될 것이다.

감사원리	[실천 결과]	
감사하는 마음 ▶	소화 작용을 촉진함.	마음이 평온해 짐.
	심장 박동이 느려짐.	스트레스가 감소됨.
	혈압이 떨어짐.	면역계의 활동 증가.
	자아존중감 향상.	행복감 증가.
	외로움 감소.	자살 충동 감소.
	화, 분노 등 완화.	창의적 사고.

실천 2 감사 나눔 그룹 만들기

관계 속에서 감사 나눔 그룹을 만들어 감사의 내용을 나누는 시간을 갖는다. 한 그룹에 4-6명의 회원으로 구성하되, 각 회원에게 감사 실천 계획과 변화시키고 싶은 것 한 가지씩 정한다. 감사 실천은 8주로 하고, 주 1회 감사 실천 과정과 결과를 나눈다.

감사원리	[실천 결과]	
감사 나눔 그룹 ▶	서로의 정보를 교환.	영감을 나눔.
	문제점을 해결.	좋은 기회를 제공.
	자부심 회복.	건강이 향상 됨.
	분노 감소.	좋은 관계 형성.
	활기를 찾음.	승진을 경험.
	새로운 아이디어 얻음.	문제 해결.

가족, 직장 내 동료이든, 공동체 모임 등 한 그룹으로 결성하여 감사를 나눈다. 그리고 아래의 항목에 어떤 변화가 일어났는지 적고 함께 나누어보자.

감사 나눔 그룹 후 반응과 효과적기

번호	항목	1주	2주	3주	4주	5주
1	성격개선, 마음가짐					
2	인간관계, 태도					
3	스트레스, 갈등, 우울감					
4	자부심, 자신감, 꿈					
5	풍성함, 성공, 성과					
6	건강상태, 삶					
7	조직력, 리더십,					
8	설득, 대화					
9	자아존중감, 행복감					
10	감사하는 마음					

*기간과 항목은 자유롭게 변경할 수 있다.

실천 3 감사 인사 나누기

흔히 사람들은 남에게 인사를 받거나 호의를 받으면 "감사합니다"라는 감사함을 표한다. 이처럼 호감 가는 사람이 되기 위해서는 받은 것에 크고 작음에 관계없이 감동의 감사 인사를 나눌 수 있어야 한다.

상황 : 한 동료가 여행 선물로 초콜릿을 주었다

▷ 단순한 인사말 :

"고마워. 그런데 나 초콜릿 싫어해!"

"뭐야, 흔한 초콜릿야."

▷ 감동의 감사 인사 :

"안 그래도 요즘 초콜릿이 먹고 싶었는데, 정말 고마워."

"와 수입 초콜릿이네, 비싼 건데. 우리 딸이 좋아하겠다."

실천 4 감사의 편지, 메일, 문자(카톡) 나누기

감사 마음을 전달하는데 다음의 편지, 메일, 카톡, 문자는 매우 효과적이다. 아주 친밀한 관계라 해도 마음을 담은 감사 내용을 전달한다면 무척 기쁘고 행복하다. 특히 책이나 쿠폰, 선물 등을 나누면 강력한 힐링으로 작용한다.

이름 / 발송일

편지 보내기 :

메일 보내기 :

문자 보내기 :

선물 보내기 :

SNS 나누기 :

선물 나누기 :

실천 5 감사 실천 각오

복싱선수 무하마드 알리가 말했다. "내가 성공한 순간의 절반은 주먹이 있었지만, 나머지 절반은 감사의 말에 있었다." 감사는 주먹보다 더 강력한 힘을 가지고 있다. 우리도 감사의 주먹을 날려보자. 멋지게 케오(KO)시킬 수 있을 것이다. 감사가 기적을 만들도록 기회를 만들어 주자. 다음 괄호(　　)에 감사 실천할 자신의 이름을 적어보자.

나 (　　　　　　)는
오늘부터 나의 삶 주변에서
일어나는 모든 것에 감사하며
항상 먼저 감사 표현을 할 것이다.
또한 하루 세 끼 식사에도 감사하며
커피 한 잔도 감사함으로
즐기겠습니다.

20　　년　　월　　일

이름 :

THANK YOU

11
실전, 내 삶을 바꾼
날마다 감사노트 쓰기

감사하는 사람은 타락할 이유가 없다.

365 감사노트

감사의 말을 하는 것이
가장 먼저 해야 할 의무이다
_ 제임스 앨런

365감사노트(오늘도 열심히 살아줘서 감사합니다)
정병태 지음, 한덤북스(2018)

매일 감사일기 써보기

매일 감사일기를 쓴다

미국의 배우 깁슨(Barnett Gipson) 박사의 말이다.

> "당신이 손 안에 얼마나 많은 것을 쥐었는지는 그대의 행복과 아무런 관계가 없다. 그대의 마음속에 감사가 없다면 그대는 파멸의 노를 젓고 있는 것이다. 다른 공부보다 먼저 감사할 줄 아는 방법부터 배우라. 감사의 기술을 배울 때 그대는 비로소 행복해진다."

하루 시작을 '감사'로 시각화화면 뇌가 자동으로 감사할 일들을 찾게 되어 행복해진다. 특히 감사일기는 긍정적인 낙관주의로 삶을 이끌어준다.

화려한 이력을 가진 미국 방송인이며 토크쇼 사회자로 유명하고 저술가, 배우, 강연자로 알려진 오프라 윈프리. 그녀는 시골인 미시시피 주에서 사생아로 태어났다. 9살에 사촌 오빠로부터 성폭행을 당했다. 14살에 미혼모가 되었고 마약 복용으로 감옥 생활을 하였으며 비만과 우울증 등으로 자살을 시도하였다. 하지만 그녀는 현재 미국을 대표하는 유명한 방송인이다. 기자가 그녀에게 성공 비결을 물었다고 한다. "당신은 어떻게 성공할 수 있었습니까?" 그녀의 대답은 간단했다.

"나는 하루도 빠짐없이 이렇게 말했습니다.
'감사합니다, 고맙습니다, 나는 진짜 복 받은 사람입니다.'"

다음 일상의 <실천 과제>는 매일 실천해주어야 한다. 그리 힘들지 않고 비용이 들어가지 않는다. 그러나 값진 삶을 얻게 된다.

자, 자신에게 날마다 격려의 말을 들려주되, 하루 1분씩 자신과의 감사함의 대화를 나눈다. 이를 테면 "나를 사랑한다" "나는 멋진 사람이다" "나는 매력적이다" "난 오늘도 건강하다" "오늘 수고 많았다" "괜찮아! 내일이 있는데" "지혜롭게 잘 선택했어" "회사가 있어 행복하다" "가족에게 더 잘하자" 등등

결심하자, 긍정적으로 생각하고 일부러라도 감사거리를 찾아서 써보다보면 점차 감사할 일들이 늘어나게 되고 삶이 더 활기차질 것이다.

내 삶을 바꾸어 주었던 감사 글귀들

평소 모아 둔 감사의 글귀들이다.

읽고 쓰고 마음에 새겨 실천한다면 으뜸을 만드는 감사습관이 되어 줄 것이다. 내 삶을 바꾸어 주었기에 감사와 관련된 최고의 명언들을 소개한다. 부디 읽고 쓰고 마음에 새기어 실천함으로 감사 존(zone)이 더욱 확장되어지기를 바란다.

"기억하라, 감사는 만사를 형통케 한다."
_ 찰리 존스

"인생은 어떤 환경에서든 감사하는 사람에게 풍성히 보상한다."
_ 빌 번팅

"감사하지 않는 것이야말로 사악함의 정수이다."
_ 임마누엘 칸트

"행복은 감사하는 사람의 것이다."
_ 아리스토텔레스

"가장 행복한 사람은 가장 많이 소유한 사람이 아니라,
가장 많이 감사하는 사람이다."
_ 빌헤름 웰러

"감사는 곧 실천을 해야만 감사가 된다."
_ 손 욱

"이 세상에서 가장 부유한 사람은 누구인가?
자기가 가진 것에 만족하고 감사하는 사람이다."
_ 탈무드

날마다 감사거리 찾아 쓰기

"감사의 마음 밭에서는 절망의 씨가 자랄 수 없다."
_ 피터 쉐퍼

감사의 기적은 갑자기 하늘에서 뚝 떨어지는 것이 아니다. 여러 차례 말했지만 감사도 실천하려면 배우고 연습해야 한다고. 특히 실천과제로 매일 감사 일기를 쓴다. 꾸준히 적는 감사노트(일기)는 과거의 상처와 곤경으로부터 벗어날 수 있도록 새롭고 풍요로운 길로 인도해 준다. 지금도 많은 사람들이 감사노트의 위력으로 행복한 삶을 누린다. 놀랍게도, 감사노트를 쓰는 순간 당신의 행복 지수는 이미 꽤 상승되어짐을 경험하게 되며 뭔가 더 감사할 일들이 계속 생기게 된다.

그러니 일단 짧게라도 매일 감사 일기_일지_편지_노트 등을 써 보자. 처음에는 감사거리를 찾기가 어려울 수 있고 귀찮을 수도 있다. 그러나 지속적으로 감사거리를 찾는 노력을 하다보면 사소한 것이라도 감사할 것들을 적게 된다.

실제로 감사노트를 써야 하는 이유다.

감사 노트를 작성한 뒤 행복감과 자존감이 증가하고 우울감은 감소된다. 사람들과 좋은 관계로 발전하고 업무의 효율을 가져오게 된다. 그런데 감사노트는 매일 일정한 시간을 정해 놓고 규칙적으로 꾸준히 써야 한다.

오늘 하루 일어난 일들을 추려보고, 그 가운데 감사할 일을 끄집어내어 적는다. 나를 기분 좋게 만든 일, 감사했던 일, 또 당신에게 감사했던 사람이 있는지 떠올리고 그 내용까지 덧붙이면 좋다. 감사하고 고마운 마음이 드는 것이 있다면 그것도 적으라. 나를 웃게 만든 일, 감동스러웠던 일, 음악이나 영화, 책, 그리고 맛있는 식사도 적어 보라.

감사노트 양식

감사노트	감사일기	감사 글귀 적기

실전, 감사노트 쓰기

감사하며 쓰면 쓸수록
그것이 현실이 된다

우리는 일상의 소소함 속에서 감사를 느낀 상황이나 일을 적은 후, 그 일들이 왜 자신의 인생에서 좋게 작용 했는지에 대해 적어보자. 감사는 지나간 과거에서 벗어날 수 있도록 도와주고 더 행복할 새로운 영역으로 이끌어준다. 그래서 미국의 오프라 윈프리는 말하기를 "우리 주변에는 감사해야 할 일이 아주 많으며 그것들을 매일 기록해야 한다"고 하였다.

다음은 나의 감사적기와 감사 글귀 사례이다.

1. 오늘도 잠자리에서 가뿐히 일어날 수 있어 감사합니다.
2. 푸른 하늘을 볼 수 있어 감사합니다.
3. 오늘 먹은 맛있는 점심식사에 감사합니다.
4. 얄미운 동료에게 화내지 않았던 저의 참을성에 감사합니다.
5. 오늘 읽은 좋은 책의 작가에게 감사합니다.

〈실전 활용〉 감사 표현 적기

다음 감사의 글을 적는다.

- 오늘 아침 예쁜 딸과 출근할 수 있어 너무 행복했고 감사했습니다.
- 해외 출장 갔던 직원이 무탈하게 잘 도착해 줘서 고맙습니다.
- 보고 싶은 친구와 함께 인문학 학습을 공부할 수 있어 참 좋았습니다.
- 오늘 아침에도 새벽을 깨워 주시어 감사의 기도를 드릴 수 있게 해 주신 것 감사해요. 그리고 부족한 저에게 발전할 수 있는 좋은 기회를 주신 것도 감사하고요.
- 훌륭한 지인들을 많이 알게 해주신 것도 감사하고, 내가 하나님의 믿는 신앙인이라는 것도 감사합니다.
- 독서할 책과 책읽기 시간을 주셔서 고맙습니다.

당신이 누리고 있거나 소유하고 있는 아주 귀한 감사들에 대해 생각해 보고 그 내용을 아래에 적어 보자. 그리고 당신의 생각, 말, 태도로 얼마나 꾸준히 감사해왔는지 써보라.

〈실전 사례〉 어린 아이의 감사일기

부정적인 시각이 아니라 늘 긍정적인 시각이 필요하다. 감사는 하면 할수록 늘게 되어 있다. 그래서 감사도 연습이 필요하다. 찾아보면 감사거리가 많다.

다음은 부정적인 생각을 가진 한 초등학교 아이의 일기장이다.

나는 오늘 지각을 했다.

그래서 선생님께 혼났다.

다음에는 혼나지 않도록,

결석을 해야겠다.

이번에는 긍정적인 생각을 가진 한 초등학교 아이의 일기장이다.

어린 아이(초1 윤성)의 감사일기

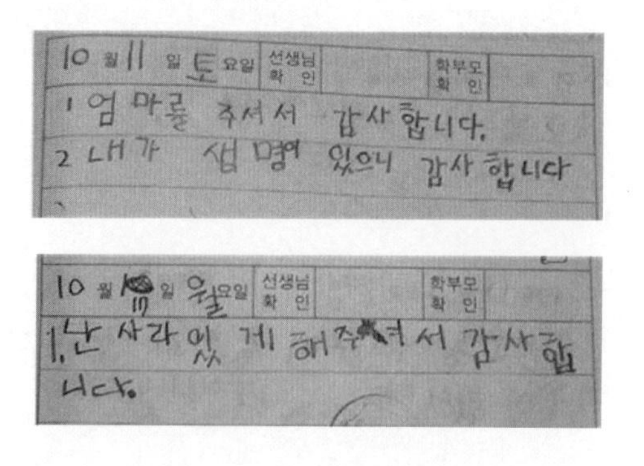

10 월 11 일 토 요일 선생님 확인 학부모 확인

1 엄마를 주셔서 감사합니다.

2 내가 생명이 있으니 감사합니다

10 월 17 일 월 요일 선생님 확인 학부모 확인

1. 난 사라 있게 해주셔서 감사합니다.

〈감사 활용 노트〉

다음 양식을 활용하여 감사 노트로 작성한다.

매일 감사쓰기

일자 ______________________

....

....

....

....

....

감사 노트: 20　년　월　일

나는

....

....

에 대해 감사합니다.

....

감사 노트

1)

2)

3)

감사 메모

감사 일지

감사일기 노트

하나님과 나란히 걷기

감사는 하나님이 내려주신 가장 값진 선물입니다.

감사는 마음을 잇는 다리를 놓아줍니다.

실로 감사는 모든 증상에 듣는 묘약이기도 합니다.

실로 감사는 우리 안에 쌓인 모든 부정적인 노폐물을 정화하는 해독제입니다.

그래서 저는 가장 위대한 단어로 '감사'를 꼽습니다.

내 생각에 에녹(죽지 않고 하늘로 올라감)은 하나님과 늘 동행하거나 하루에도 여러 번씩 만났으리라 봅니다(창 5:23-24; 히 11:5). 일찍이 에녹은 하나님과 나란히 걷는 습관을 길렀을 것입니다. 이런 감사의 습관을 기르는 건 아주 흥미진진한 일입니다. 하나님은 우리의 일상생활 가운데서 행복을 주시고 보호하시고 도우시며 은혜를 베푸시는 행위가 감사이기 때문입니다. 그러므로 감사가 내 인생의 멘토가 되어야 합니다.

이 책을 마치면서 우리사회가 속히 감사 문화가 더 확산되어지기를 기대합니다. 감사 문화는 사회가 밝아지고 사기가 높아져서 경제적 효과도 커질 것이 자명하기 때문입니다. 그래서 저는 늘 '감사하는 마음'을 지니기로 마음먹었습니다.

미국과 영국에서 긍정심리학을 연구하는 학자들이 여러 차례의 실험을 통해 많은 사람에게 효과가 있다는 결과를 내놓았습니다. 그 쉬운 행복 실천법은 아래와 같습니다.

행복 실천법

1. 매일 그 날 일어난 감사한 일 3가지를 쓴다.
2. 평소 감사한 마음을 표현하지 못한 사람을 찾아 감사를 전한다.
3. 하루 한 번씩 거울을 보고 크게 소리 내어 웃는다.
4. 하루에 한 번 친절한 행동을 한다.
5. 한주에 한번 친구나 배우자, 이웃, 지인과 행복한 대화를 나눈다.

지금 당장 오늘 우리가 만나는 모든 사람에게 '감사합니다'라고 인사를 건네 봅시다. 감사는 1등 국민의 말이며 성공을 부르고 행복을 보장해주기 때문입니다.

감사할 줄 아는 삶의 모습은 아름답습니다

참고문헌 및 전문 사이트

다비드 세르방-슈레베르, 치유, 역 정미애, 문학세계사(2004)

암과 싸우지 말고 친구가 돼라, 한만청, 시그니처(2017)

리더의 자기암시법, 데이비드 슈워츠, 역 강성호, 아름다운사회(2004)

된다 된다 나는 된다, 니시다 후미오, 역 하연수, 흐름출판(2008)

옥시토신의 힘, 이시형, 이지북

감사의 힘, 뇔르 C.넬슨, 지니 르메어 칼라바, 역 이상춘, 한문화(2004)

세로토닌의 비밀, 캘롤 하트, 역 최명희, 미다스북스(2010)

스스로 치유하는 뇌, 노먼 도이지, 역 장호연, 동아시아(2018)

세계사를 바꾼 10가지 약, 사토 겐타로, 서수지 역, 사람과 나무사이

내 몸 치유력, 프레데리크 살드만, 역 이세진, 푸른숲

굿바이 스트레스, 이동환, 스타리치북스

젊음의 법칙, 사토 도미오, 역 김효진, 책읽는 수요일

치유, 루이스 L. 헤이, 역 박정길, 나들목

기적을 부르는 뇌, 노먼 도이지, 역 김미선, 지호

국가, 플라톤, 천병희 역, 도서출판 숲

행복의 조건, 조지 베일런트, 역 이덕남, 프린티어

뇌내혁명, 하루야마 시게오, 역 반광식, 사람과 책

유전자 혁명, 무라카미 카즈오, 역 김원신, 사람과 책

감사의 재발견, 윤국, 모아북스

의사가 말하는 자연치유력, 가와시마 아키라, 이진원 역, 삼호미디어, 2014.

이시형 박사, '옥시토신의 힘', 이지북

스트레스:당신을 병들게 하는 스트레스의 모든 것, 로버트 새플스키, 역 이재담, 이

지윤, 사이언북스(2008).
75년에 걸친 하버드대학교 인생관찰보고서(행복의 조건), 조지 베일런트, 감수 이시형, 역 이덕남, 프런티어(2016).
스스로 치유하는 뇌, 노먼 도이지, 장호연 역, 동아시아, p.447-457.
국가, 플라톤, 천병희 역, 도서출판 숲, p.92.
다비드 세르방-슈레베르, 치유, 역 정미애, 문학세계사(2004), p 20.
Goldeman, d. (1997), *L'intelligence emotionnelle*, Paris, Robert Laffont.
제랄린 헉슬리, 매트 위비컨, 앤디 워홀 타임캡슐, 역 김광우, 미술문화(2011), p6.
100세 혁명, 노진섭, 시사저널사, 2017.
영국인 의사 제임스 파킨슨(James Parkinson)가 1817년에 발표한 논문 "An essay on the shaking palsy" 자료를 참고하였다.
브라이언 딜런, 상상병 환자들, 작가 정신, 역 이문희, 2015.
말투 하나 바꿨을 뿐인데, 나이토 요시히토, 역 김한나, 유노북스.

Goldeman, d. (1997), *L'intelligence emotionnelle*, Paris, Robert Laffont.
Tomatis, Conscious Ear,
David Lewis, IMPULSE (Random House Books, 2013)

참고 웹사이트

중앙일보 : https://news.joins.com/article/5262151
기사 : https://cebuin.com/column/view/14160
www.normandoidge.com
서울대학교병원 사이트

http://www.snuh.org/health/encyclo/view/16/1.do

위키백과, 우리 모두의 백과사전.

https://ko.wikipedia.org/wiki/%EB%87%8C

감사나눔신문

http://www.gamsanews.co.kr/news/articleView.html?idxno=5879

저자 정병태 박사 강의 문의

010.5347.3390

Jbt6921@hanmail.net

세미나

신이 내려준 명약 <감사>

슬기로운 <칭찬학>

행복한 <웃음학>

100세 건강혁명

뇌내 혁명 + 호르몬 이야기

감사하다가 성공해버렸다

2020년 4월 30일 초판 1쇄 발행

지 은 이 정병태
이 메 일 jbt6921@hanmail.net
디 자 인 디자인이츠
펴 낸 곳 한덤북스
신고번호 제2009-6호
등록주소 서울시 영등포구 영중로8길 6 성남빌딩 404호
팩 스 (02) 862-2102

ISBN 979-11-85156-18-7 03230
정가 13,000원